BEM-VINDO
A SUA CRISE

Laura Day

BEM-VINDO A SUA CRISE

Como usar os momentos difícieis para criar a vida que você quer

Tradução
Jussara Simões

BestSeller

CIP-BRASIL. CATALOGAÇÃO-NA-FONTE
SINDICATO NACIONAL DOS EDITORES DE LIVROS, RJ

D315b Day, Laura

Bem-vindo a sua crise: como usar os momentos difíceis para criar a vida que você quer / Laura Day ; tradução Jussara Simões. - Rio de Janeiro: Best*Seller*, 2008.

208p.
ISBN 978-85-7684-183-8

1. Mudanças de vida - Aspectos psicológicos. 2. Auto-realização (Psicologia). I. Título.

08-0222. CDD: 155.93
CDU: 159.922.2

Título original
WELCOME TO YOUR CRISIS

Capa: Sense Design
Editoração eletrônica: Abreu's System

Impresso no Brasil

ISBN 978-85-7684-183-8

Dedico este livro ao meu querido amigo e padrinho do meu filho Samson, Kevin Huvane. Agradeço-lhe pela sua visão, pela sua fé e por sempre ter uma solução às três da madrugada. Ralph Waldo Emerson dizia que toda parede é uma porta. Obrigada por ter provado que ele estava certo!

Sumário

Agradecimentos

Este livro começou com a minha agente, Jennifer Rudolph Walsh. Jennifer, você mudou minha vida em muitos aspectos. Na ausência completa de palavras apropriadas para expressar o que sinto e devo, preciso simplesmente agradecer a você.

Este livro chega a você, leitor, graças ao trabalho de muita gente talentosa. Jennifer e eu escolhemos a minha casa editorial em razão da grande equipe que esta ofereceu: Judy Clain, minha editora, que me provocou até o livro se tornar muito mais forte do que a idéia original. As Heathers — Heather Rizzo e Heather Fain — e Sophie Cottrell, que estruturaram o material para impressão dez minutos depois que entreguei o manuscrito final. Michael Pietsch, o editor, que juntou tudo. Toda vez que o livro, ou eu, precisava de idéias ou de apoio, você dava um passo além do que lhe era pedido. Sou afortunada por estar na Little, Brown. Obrigada. Também quero agradecer a Rickie Harvey, o copidesque contratado por Peggy Freudenthal, a gerente de copidescagem da Little, Brown, pelos ajustes minuciosos do manuscrito. Por favor, prometa que vai trabalhar em tudo o que eu fizer!

Em momentos de crises não há espaço para erro nem demora. Pesquisei o cérebro de todos os psiquiatras e psicoterapeutas que conheço para ter certeza de que as idéias aqui contidas funcionariam com um grupo diversificado. Gostaria de fazer agradecimentos especiais a Leslie Klepper, a psicoterapeuta e diretora de clínica de saúde mental do Brooklyn, onde a crise é especial diariamente. Leslie aprimorou todos os testes deste livro e todos os conceitos, até estarem perfeitos.

Tudo o que é construído passa por muitas mãos. Sou abençoada com uma comunidade de amigos, clientes e membros da família. Meus leitores foram muito generosos com os comentários e idéias sobre como tornar o meu trabalho mais útil para eles. Agradeço seu apoio e também por espalharem a notícia. Meu consultório particular está transbordando. Também agradeço por ter o privilégio de formar outras pessoas. Aos meus alunos, muitos dos quais já se tornaram novos profissionais, obrigada por provarem que sou boa professora ao me superarem, tanto em saber quanto em habilidades.

Meus agradecimentos especiais por este livro a Adam Robin (filho — meu amor), David Globus (papai), Sarah Globus (irmã caçula) e minha mãe, Vivian Globus (de memória abençoada).

Adoro ver os nomes das minhas sobrinhas e dos meus sobrinhos juntos; agora é tudo para vocês: Vivian e Ori Goldfield, Zach e Isabelle Rodriguez, Annie e Charlie Wallach, Gillian e Amanda Eisenberg e Jake e Nicky Nathanson.

Samson Day, você é meu sol e minha luz. Fico maravilhada de ver que você agora está em idade de dar suas opiniões valiosas e apoio original a tudo que faço. Quem poderia saber que a vida se tornaria ainda melhor?

Prefácio

Bem-vindo a sua crise?

A idéia de que uma crise possa ter algum aspecto positivo parece insensível. As crises são situações dolorosas, difíceis e ameaçadoras, com toda a certeza. Eu não desejaria uma crise a ninguém.

Infelizmente, as crises são acontecimentos inevitáveis na vida. Aprender a navegar bem pelas crises torna-se, então, uma habilidade essencial. E já que nem todas as crises são evitáveis, por que não encará-las e aceitá-las? Conforme descobriremos daqui a pouco, as crises nos obrigam a fazer mudanças há muito necessárias e servem como catalisadoras para notáveis transformações positivas.

Se permitirmos.

As idéias e as recomendações deste livro têm por base as minhas próprias observações e vivências enquanto ajudava indivíduos e instituições a lidar com as crises. Alguns elementos fundamentais da minha metodologia são corroborados pelo trabalho de outros profissionais, tais como Hans Selye, no campo do estresse (Selye observou que os acontecimentos positivos podem induzir tanto estresse quanto muitos dos negativos), Mihaly Csikszentmihalyi, no campo do melhor funcionamento humano possível (ele observou que nos sentimos mais vivos quando nossas capacidades estão totalmente envolvidas em desafios), e o sociólogo Charles Fritz, no campo do comportamento humano durante desastres.

As observações elementares de Fritz sobre desastres suscitam idéias acerca de como você e eu devemos lidar com nossas crises particulares. Se crise é ruim, desastre deve ser muito pior. Não obstante, conforme assinalou Fritz, os desastres revelam verdades positivas sobre o comportamento humano. Assim como nas crises, os desastres despertam algumas das nossas melhores qualidades humanas e sociais.

As catástrofes foram notícia no ano passado, de maneira mais pungente na destruição de Nova Orleans pelo furacão Katrina. Mais perto de casa, testemunhei desastres no meu próprio bairro. Moro na cidade de Nova York, a poucos quarteirões do que era o World Trade Center.

Falo, portanto, por experiência própria, quando assinalo — conforme tenho certeza de que você também já testemunhou nos desastres que presenciou — que, longe de levar ao caos ou a situações piores, as calamidades quase sempre revelam o que há de melhor em nós. Todos já vimos, nos noticiários, comunicados de saques e outros atos de oportunismo predador que ocorrem durante situações de calamidade pública. Embora esses atos sejam o esteio da imprensa sensacionalista, são meras exceções, não regra. Nos desastres, a maioria age com compaixão, trabalhando em conjunto, com desprendimento e incansavelmente, para ajudar os atingidos pela catástrofe.

O aspecto principal da calamidade, que minimiza seus danos, pois inspira e enobrece as pessoas comuns, é o fato de ser uma vivência *em comum.* O impacto do furacão Katrina foi tão horrível precisamente porque a própria enchente impediu que os habitantes agissem em conjunto e dividissem os fardos emocional, psicológico, físico e de outras naturezas.

As crises e as catástrofes parecem terríveis, e o são, de fato. Nossa vida cotidiana, pelo contrário, parece prosaica, senão idílica. Se formos sinceros conosco mesmos, porém, um exame mais minucioso da nossa vida revela outra realidade. A nossa rotina diária está repleta de conflitos, estresses e frustrações. Mesmo quando não estamos cercados de preocupações e obrigações triviais, nossa vida raramente exige dedicação total; na maior parte do tempo, estamos apenas nos deixando levar. E fora da nossa família e dos amigos íntimos, e até certo ponto nossos vizinhos, vivemos em uma sociedade pulverizada, fragmentada, e temos pouca interação com os que nos cercam. A questão principal é manter nossas crises cotidianas, em contraste nítido com a vivência compartilhada das calamidades públicas, bem escondidas dos outros, às vezes até dos nossos amigos mais íntimos e queridos.

Quais lições aprendemos com o heroísmo inspirador e a eficiência dos indivíduos durante as catástrofes que possamos aplicar no trato com as crises da nossa vida privada? Vamos examinar as características dos desastres para ver como se entrelaçam com características das nossas crises particulares ou delas diferem.

A catástrofe reduz tudo na vida dos atingidos. Simplifica e racionaliza nossa vida. Na calamidade, as necessidades mais prementes são concretas e relegam todas as outras ao segundo plano, a pequenos desvios do verdadeiro trabalho que é preciso fazer. Repare que, na calamidade, pouca gente está tão mal quanto os mais afetados. Todos se concentram na situação dos que estão pior, e toda a comunidade se reanima para participar nos trabalhos de salvação.

O que prevalece é a disposição "estamos-no-mesmo-barco", e surge uma nova comunidade — a dos atingidos pelo desastre — para tratar das necessidades mais prementes. Todos arregaçam as mangas para ajudar com uma sensação de dever, um propósito maior que o todo, e a forte solidariedade social resultante na comunidade abalada pela catástrofe é espantosa.

A causa do desastre foi externa, portanto ninguém acusa a si mesmo nem aos outros pela desgraça e ninguém se sente culpado nem envergonhado. Todos se sentem livres para se abrir e se comunicar com os outros na comunidade atingida, oferecendo apoio físico e emocional. O luto e a tristeza relativos às perdas, ao sofrimento e às privações são intensos, mas compartilhados por muitos.

Duas das características principais dos mutirões de auxílio a vítimas de catástrofes são, então, a importância de compartilhar o máximo possível e de cuidar dos problemas. Comparemos esse funcionamento eficiente diante de uma calamidade pública ao modo incompetente como lidamos com nossas crises particulares. Quase todos guardamos conosco nossas crises, em geral por vergonha. Permitimos que a crise solape nossa capacidade de dar continuidade às nossas obrigações mundanas, cotidianas.

Nasci em uma família de médicos e durante toda a minha vida adulta tenho trabalhado como terapeuta intuitiva. No campo da medicina, a palavra *crise* tem significado específico: ponto súbito em que a doença tem uma piora drástica ou, pelo contrário, uma melhora também drástica. Nossas crises cotidianas nos apresentam encruzilhadas semelhantes, quando nossa vida pode piorar ou melhorar muito, dependendo de nossos atos. Escrevi este livro para ajudá-lo a conferir se o seu caminho para fora da crise será tanto positivo quanto enriquecedor.

Introdução

Muitos dos que escolhem este livro acham que precisam de uma grande mudança em si mesmos ou na vida. Até os leitores que acreditam estar tudo ótimo na vida ainda acham que algo não funciona, que falta alguma coisa.

Quem, em circunstâncias normais, consulta uma terapeuta intuitiva? Consultar uma pessoa intuitiva não é o mesmo que ir ao médico fazer um checkup. *Quem procura meus conselhos está passando por uma crise na vida.*

Orientar durante crises não é o que faço — *é o que sou.* Sou essa pessoa desde a infância, quando me surpreendi na função de ajudar minha mãe a superar suas crises.

Desde então, tenho servido de farol para quem está em crise. Uso minhas habilidades intuitivas para ajudar essas pessoas a encontrar uma nova vida — e um novo ego. Também as ajudo a desenvolver suas habilidades intuitivas para que possam usar a sabedoria de outrem.

Meu primeiro livro, *Manual de intuição prática*, revela um método que qualquer pessoa pode usar para obter informações importantes por meio da intuição. Meu último livro, *O círculo: como o poder de um único desejo pode mudar sua vida*, revela a fórmula principal da criação consciente: como realizar qualquer objetivo por meio do uso concentrado da intuição, do intelecto e do comportamento.

Este livro — e não é preciso ter lido nenhum dos meus outros livros para usar este — será um mapa fidedigno para orientá-lo em qualquer perda ou mudança na sua vida. O leitor aprenderá um modo de amadurecer, um modo de criar sua vida de maneira apaixonada e eficaz.

Bem-vindo a sua crise vai ajudá-lo a dominar as mudanças na sua vida, tanto as que deseja realizar quanto as que lhe recaem sobre os ombros. Este livro vai orientá-lo na jornada que é a sua vida. Revelarei as dificuldades que você enfrentará a cada estágio e ensinarei a navegar com êxito os muitos ciclos vitais pelos quais você passará.

Este é um livro prático, elaborado para ajudá-lo a criar mudanças positivas na vida. Para aproveitar melhor este livro, é preciso fazer os exercícios conscienciosamente. Recomendo criar um diário para fazer anotações e manter todo o trabalho em um só lugar; muitos exercícios dão continuidade aos anteriores, portanto é preciso manter à mão o "estudo dirigido".

Os exercícios contidos neste livro, mesmo os mais rápidos, permitem-lhe repadronizar ou reprogramar o pensamento, os sentimentos e o modo de escolher. Pratique-os de maneira regular e informal, como se fossem parte orgânica das rotinas cotidianas. Eles acabarão programados no subconsciente e você poderá confiar neles quando recair em reações antigas e, às vezes, autodestrutivas. Você se dará novas opções na jornada para criar uma nova vida.

Não lhe peço que aceite com fé cega tudo o que há neste livro. Se estiver passando por uma crise, seu ceticismo talvez esteja no auge.

Não faz mal. Só lhe peço que receba os conceitos e faça os exercícios com a mente aberta. Nem é preciso acreditar em nada do que digo.

O físico dinamarquês Niels Bohr, um dos gigantes da ciência no século XX, estava recebendo um jornalista em sua casa rústica no interior. Acima da porta havia uma ferradura, talismã popular para atrair sorte.

O jornalista, intrigado com essa prova de superstição na entrada da casa do grande cientista, comentou:

— Dr. Bohr, surpreende-me ver que o senhor acredita no poder mágico das ferraduras.

— Ah! — respondeu Bohr —, não acredito em ferraduras. Mas sei que elas funcionam, quer acreditemos nelas ou não.

As leis do universo também são assim: não exigem que acreditemos nelas para que funcionem. A gravidade puxa todos para baixo, com ou sem nosso conhecimento, muito menos fé. De maneira semelhante, o caminho traçado neste livro está em harmonia com as leis do universo, e funcionará para você, assim como funcionou para incontáveis outras pessoas em crise nos últimos vinte anos — e funciona para mim.

Já passei por isso.

Aos 33 anos, dei à luz o meu filho — e o meu casamento acabou. Lembro-me do momento em que percebi que o meu divórcio não seria um assunto simples. Os cheques do meu marido pararam de chegar e eu não tinha onde morar.

A família do meu marido, que considerava minha desde os 16 anos, além de parar de falar comigo também se tornou adversária da minha sobrevivência. Meu advogado, meu contador e os meus consultores financeiros passaram para o lado dele, pois era o lado onde estava o dinheiro. Eu só tinha meu filho e alguns amigos que ficaram.

Quando estava casada, todas as minhas necessidades financeiras estavam resolvidas, então eu não precisava trabalhar. Depois da separação, eu não tinha nada — menos que nada, pois travaria uma batalha jurídica bem cara. Passei de nunca ter de ganhar a vida, nem mesmo ter de enfrentar o mundo de maneira prática, a ter de sustentar a mim e a um neném. Jamais ganhara mais de 15 mil dólares por ano, e essa receita era efeito colateral do trabalho gratuito que eu fazia no campo da intuição e da cura.

No primeiro ano de vida do meu filho, ele e eu dormimos num edredom na sala do apartamento de uma amiga. Conhecera meu marido aos 16 anos e não sabia quem eu seria no mundo sem ele. Meu lindo e miraculoso neném era minha salvação. O deleite que eu tinha com o meu filho aliviava o terror e a confusão da minha nova condição.

Quando ficou claro que íamos nos divorciar, ele lutou comigo pela guarda do filho que criei sozinha desde que nasceu. Depois de gastar praticamente toda a minha poupança, meu advogado me informou que uma batalha no tribunal poderia custar 1 milhão de dólares, talvez mais. Meu marido tinha uma herança milionária; dinheiro não era problema para ele. Um milhão de dólares para ficar com meu filho — era como dizer que custaria 1 milhão de dólares manter meu coração batendo!

Quase todas as convicções sobre a vida que eu prezava — as pessoas à minha volta, minha família, meu amor, minha noção de ego — foram destruídas. Os amigos que me conheceram como uma esposa rica e liberada, e uma bem-sucedida terapeuta intuitiva, passaram a me olhar com compaixão, ou até pena. Muitas das qualidades que eu acalentava e me definiam — minha esplêndida intuição, minha capacidade de curar o próximo, minha confiante ingenuidade — foram usadas contra mim no tribunal na tentativa de me definir como mãe incapaz. Eu mesma cheguei a pensar: "Se sou tão intuitiva, como foi que me meti nessa situação tão ruim?" (As respostas desta pergunta estão no capítulo sobre as barricadas internas do meu livro *The Circle*.)

Eu estava tão insegura a respeito de mim e de tudo ao meu redor que, quando o outro lado me acusou de ser louca, eu fui mesmo procurar um psicólogo para fazer testes e saber se a acusação era verdadeira, presumindo que, se eu fosse mesmo louca, seria a última a saber. Não sabia mais quem eu era — ou quem fui não existia mais.

Meu antigo mundo e os recursos em que eu confiava também não existiam mais. Meu próprio ego — despido de contexto — me era estranho. Tornei-me presa de qualquer conselho, de qualquer profissional inescrupuloso; caí em todas as ciladas que preparavam para mim. Eu estava apavorada demais para agir e apavorada demais para ficar imóvel. Tinha um filho a defender, portanto desistir estava fora de cogitação — mas eu estava totalmente desaparelhada para lutar. Emagreci tanto que aqueles que não conheciam minha situação achavam que eu estava com alguma doença grave. Entrara no Jogo do Divórcio, mas parecia que eu era a única jogadora que não conhecia as regras.

Todas as manhãs eu acordava e me sentava perto da janela da sala, tentando desesperadamente encontrar uma solução. Certa manhã, fiz as duas coisas que ainda conseguia fazer: prever acontecimentos futuros (exceto, é claro, para mim) e escrever (que eu adorava). Sentei-me ao computador e escrevi as idéias e recordações que me ocorreram. Quando meu filho acordou, eu já havia escrito oito páginas sobre as experiências intuitivas que fizera com um grupo de cientistas.

Quando meu filho tirou o cochilo matinal, liguei para um administrador de fundos financeiros que eu conhecia. Atrevi-me a lhe dizer como o mercado se comportaria naquele dia e pedi emprego. No fim do dia, ele me contratou para prever os mercados financeiros. Eu o faria por telefone, meia hora por dia e, em troca, receberia um salário e teria seguro-saúde.

Alguns dias depois, levei comigo o texto que estava escrevendo ao parquinho ao qual levava meu filho para brincar. Queria trabalhar nele enquanto Samson brincava com um amiguinho e tentava comer areia. Outra mãe me pediu para ver o que eu estava fazendo e eu lhe mostrei as páginas. Ela disse: "Você tem um livro aí."

Agradeci o elogio e não pensei mais no assunto, até ela me entregar o cartão de visitas. Ela era uma grande agente literária de Nova York. Assim que a bola começou a rolar, pegou velocidade rapidamente. Naquele ano, ganhei o bastante para cobrir minhas despesas e matricular meu filho em uma creche particular. Poucos anos depois eu já ganhara quase 4 milhões de dólares — grande parte desse dinheiro eu gastei na interminável batalha judicial. Lutei e ganhei a guarda do meu filho, achei meu lugar no mundo, apaixonei-me por um colega escritor, escrevi novos livros, comprei do meu marido o meu apartamento e ingressei numa comunidade que amo e admiro.

A antiga "eu" não existia mais, nem o mundo onde ela vivera. Eu não tinha habilidades nem noção do mundo para tomar seu lugar. Talvez você também tenha passado por apuros semelhantes, quiçá mais de uma vez. Eu recebi o dom de ter algo a oferecer ao mundo. Tudo isso proveniente daquele momento mais obscuro, quando pensei que ia perder meu precioso filho.

Minha transformação não foi fruto de magia. Aprendi da maneira mais difícil as lições contidas neste livro. Será mais fácil para você. Já passei por isso e lhe mostrarei o caminho.

Você tem o poder de criar uma mudança positiva e duradoura na sua vida. Está decidindo agora mesmo, neste momento, qual será o seu futuro. Decidir continuamente o próprio destino pode parecer uma responsabilidade assustadora, mas se você fizer alguma besteira neste momento e errar, pode voltar a decidir quem quer ser no momento *seguinte*. Tudo só depende de você.

Se estiver em crise, talvez tenha dificuldade para admitir seu poder para mudar a situação. Mesmo achando que sua vida acabou, permita-me pelo menos conduzi-lo, passo a passo, rumo a um futuro melhor, em que você será feliz.

Meu objetivo é conscientizá-lo da dinâmica da crise, dar-lhe apoio nesse processo e torná-lo tolerável. Não podemos impedir as perdas da nossa vida, mas uma vida consciente nos permite usar qualquer crise de maneira positiva e transformadora.

A crise é o desafio e a oportunidade de descobrir aquilo a que damos valor, redescobrir o que precisamos, redefinir o que nos dá prazer, recriar uma vida significativa e reorganizar as engrenagens internas do ego. A crise nos obriga a mergulhar fundo dentro de nós mesmos, onde podemos descobrir potentes partes que estavam enterradas, esquecidas porque as escondemos há muito tempo, até de nós mesmos. As vidas que podemos criar quando abrimos essa arca do tesouro superam não só nossas expectativas, mas também nossa imaginação.

Sei que você pode achar difícil acreditar, mas sua crise atual pode ser a melhor coisa que já lhe aconteceu. Na verdade, você pode *conferir* se sua crise é a melhor coisa que já lhe aconteceu, mesmo que neste momento pareça que tudo está perdido. Você pode achar que cometeu erros pelos quais se odeia, que arruinou tudo de bom na sua vida, que tudo o que você amava ou de que precisava se foi.

Já passei por isso. A maioria de nós já passou. Agora mesmo você tem a oportunidade perfeita de descobrir o que precisa para criar uma vida melhor do que qualquer coisa que já imaginou. Uma arca do tesouro de talentos, desejos e traços de personalidade — que você manteve fechada e afastada do mundo, até de você mesmo, desde quando era jovem demais para lembrar — que existe para você abrir agora, já adulto. Nesse processo de percorrer a crise, você vai encontrar a si mesmo e à chave da vida mais maravilhosa que possa ter. A crise o obriga a romper barreiras e alimentar novas possibilidades, que podem parecer estranhas, contudo são mais antigas e mais autênticas do que qualquer coisa que você tenha vivido até hoje.

Vamos explorar essas questões mais adiante. Por ora, simplesmente perceba quais dos seus pensamentos, sentimentos, sonhos, reações ou maneiras de ser o surpreendem. Apenas perceba, sem julgar. Sentir raiva pela primeira vez na vida pode ser o primeiro passo rumo à verdadeira paixão e criatividade. Sentir-se deprimido, se for um estado incomum para você, pode ser a porta para conhecer suas verdadeiras necessidades e sentimentos, e para criar uma vida gratificante.

- Teve alguma sensação incomum ultimamente?
- Tem se comportado ou reagido de maneira diferente nos últimos tempos?
- Percebeu algo novo, em si mesmo ou nos outros?
- Quando percebe alguém ao seu redor, o que atrai sua atenção? Quem você inveja?

Faça a si mesmo estas perguntas no decorrer do dia. Seu emprego atual vai tornar *você* mais interessante para si mesmo do que sua crise! Conheça-se a si mesmo — seu novo ego —, como faria para conhecer melhor um novo amigo. Seja curioso. Não presuma nada. Você está prestes a embarcar num capítulo novo e glorioso, magnífico, da sua vida — não *apesar* da sua crise atual, mas *por causa* dela!

1

Quem é você?

Pergunta que sempre ressurge para exame

Quem é você? Esta pergunta simples é muito mais profunda do que possa parecer à primeira vista. Muita gente se descreve no tocante à profissão (advogado, carpinteiro, técnico de laboratório, piloto da Nascar) ou às relações (cônjuge, mãe, melhor amigo).

Você está prestes a descobrir que o seu modo de se definir quase sempre também define não só como o mundo percebe você, mas também a extensão da sua eficiência neste mundo. E isso nos leva ao nosso primeiro exercício.

Exercício: Quem é você?

Sem lhe oferecer nenhuma expectativa em especial, eu gostaria que você respondesse a cada uma das seguintes perguntas com apenas uma frase: *Quem é você? Quem você era antes da sua última crise? Quem você teme ser? Quem você gostaria de ser?*

Você vai consultar suas respostas nos próximos dias, meses e até anos, portanto use o diário que dedicou aos exercícios deste livro.

Discussão

Conforme eu disse, existem inúmeras maneiras de executar a tarefa de se descrever. Eis dois exemplos:

> Sou uma pessoa que está se recuperando de uma cirurgia no joelho. Antes eu era bailarina profissional. Acho que agora sou alguém que nunca mais dançará. Eu queria ser saudável e poder dançar.

> Sou empresário. Abri uma empresa de entrega de marmitas quando perdi meu emprego de vendedor. Gosto do que faço, embora às vezes trabalhe um número absurdo de horas. Não tenho tanto tempo livre quanto tinha antes; imagino que esse é o preço a pagar pela independência profissional.

Repare em como você se descreve e se define. Você não é, contudo, sua autodescrição. Não é quem era. Não é seus temores. Não é seus desejos. Você é uma rede de fatos e sentimentos interdependentes. Se enfrentar esses fatos e sentimentos de maneira realista e sistemática, se tornará alguém que admira e sua vida será algo que você aprecia.

Suas autodescrições mudarão nos próximos dias, quando se aprofundar nos capítulos deste livro.

Seu modo de se definir especifica sua vulnerabilidade

Nosso modo de nos definir especifica, então, a extensão da nossa vulnerabilidade — ou flexibilidade — às viradas da sorte.

As mudanças aflitivas que vivemos na vida são quase sempre dolorosas porque nos identificamos completamente com o modo como nos descrevemos. Identificamo-nos com o modo como somos definidos pelas estruturas à nossa volta: nosso emprego, nossas relações, nossa família ou nossos êxitos. Quando somos afortunados, temos uma noção mais nítida da nossa ligação ao próximo e ao mundo ao redor à medida que envelhecemos, e começamos o processo de integração do ego em algo que se estende infinitamente além dele.

Este conceito é importante porque as crises da nossa vida atacam o próprio núcleo da nossa noção de ego. É fácil entender como uma pessoa que se identifique, digamos, como esposa acharia que sua vida chegou ao fim com o término do casamento. Uma jovem empresária bem-sucedida perde a empresa. Quem ela é agora?

Transformar a noção de ego permite-lhe erguer-se acima das dificuldades da vida — na verdade, essa transformação vai habilitá-lo a usar as mesmas dificuldades para enriquecer a auto-estima e o potencial de desfrutar, criar e realizar.

Enquanto se agarrar a uma definição precária de si mesmo, você está vulnerável a qualquer número de crises. O autoconceito é especialmente enganoso quando se passa por uma mudança importante na vida: não é mais quem era, mas ainda não é aquele em que vai se tornar.

A importância de saber quem somos não se aplica só a indivíduos, mas também a grupos, instituições e empresas. A empresa inicia a vida fornecendo um produto ou serviço, mas, quando o mundo muda, as convicções da empresa acerca do que é importante — sua noção de ego e identidade — também têm de mudar. Que irônico o fato de Steven Jobs, um dos fundadores da Apple como empresa de computadores — e, depois, obrigado a sair dela —, voltar para dirigir a ressurreição da Apple como uma das principais empresas de produtos eletrônicos de consumo.

Você é um ecossistema

Você achará útil não se imaginar como um ser isolado, mas como um vasto ecossistema.

Pense em um ecossistema natural com sua enorme rede de partes interconectadas. As inumeráveis partes de qualquer ecossistema estão em inter-relação íntima, tecidas em um sistema complexo, embora frágil.

Esse sistema está em equilíbrio dinâmico; qualquer flutuação mínima é por ele absorvida com facilidade. Às vezes, algo externo ao ecossistema provoca uma alteração drástica. Surge uma nova espécie predadora. Uma seca persistente exaure o suprimento de água do ecossistema.

Esses distúrbios não são imediatamente absorvidos, mas, pelo contrário, reverberam por todo o ecossistema. Uma espécie se extingue, ameaçando a sobrevivência de outra espécie, que dependia da primeira. Uma terceira espécie, que era presa da primeira, multiplica-se descontroladamente. E assim por diante.

O equilíbrio acabará voltando a se estabelecer, é claro, mas o ecossistema nunca mais será o mesmo.

Uma minúscula mudança de percepção ou comportamento pode gerar modificações monumentais na dinâmica interna que você chama de sua vida. Todos já passamos pela situação de estar no escuro em um teatro quando se abre uma das portas inesperadamente, inundando de luz a escuridão e transformando nossa percepção dos arredores e do nosso lugar dentro desse ambiente. Sempre vivemos a vida evitando esses raios de luz, por medo daquilo que iluminarão, às vezes, por meio de pequenas alterações no nosso amadurecimento ou comportamento, e quase sempre por intermédio da imposição de outrem ou de eventos externos. Quando isso acontece, precisamos nos ajustar a um novo ecossistema e à nossa posição dentro dele.

Mudanças externas exigem e expressam mudanças internas

A mudança é difícil também porque quase sempre a atribuímos ao azar, a deficiências pessoais inconscientes ou a forças externas além do nosso conhecimento ou controle. Em outras palavras, quase sempre nos recusamos a assumir qualquer responsabilidade pelas grandes mudanças e transtornos que acontecem em nossa vida.

Algumas mudanças estão além do nosso controle direto, tais como um ato aleatório de violência ou um ato fortuito da natureza. Nossa *reação* a qualquer mudança, porém, está sob nosso controle e é um poderoso agente no modo como essa mudança se desenrola em nossa vida.

Por que falham as resoluções? No réveillon, pessoas do mundo inteiro se preparam para recomeçar a vida. Ano-novo, vida nova. Preparam suas resoluções de ano-novo com grande otimismo e ansiedade, dando as boas-vindas a mais um ano com uma lista de desafios que repetidamente deixaram de realizar no passado.

Na manhã seguinte, acordam com o compromisso de que cortarão uma vida inteira de hábitos em um dia. Vão perder cinco quilos. Tornar-se-ão bem-sucedidos. Encontrarão o verdadeiro amor. Melhorarão o casamento. Pararão de enrolar. Controlarão o gênio. Passarão mais tempo com os filhos. Tomar decisões é animador, o mundo inteiro se torna perfeito.

O único problema, como sabemos secretamente, é que esse modo de encarar a modificação de comportamento não funciona. De fato, propor a nós mesmos tarefas implacáveis é fórmula de fracasso e ódio de si mesmo. Formamos nossos hábitos e comportamentos no decorrer de toda a vida e nos apegamos demais até aos modos mais frustrantes de ser, simplesmente porque estamos acostumados com ele. O que nos faz pensar, apesar de nossas vivências que provam o contrário, que a simples resolução de mudar leva a uma mudança duradoura?

Muita gente acha difícil realizar uma mudança duradoura porque se concentra no "lado errado da equação". Algo prático como emagrecer, por exemplo, não é uma simples mudança física, mas, pelo contrário, a expressão externa de uma mudança interna pela qual o seu *ego* passou. A maioria dos programas de emagrecimento fracassa porque a pessoa envolvida considera a mudança — a perda de peso — o processo em si, e não o *resultado* de um processo. O processo de qualquer perda de peso duradoura só acontece quando nos *tornamos* alguém que não precisa comer demais, que procura ser uma pessoa ativa, em vez de sedentária, que preenche suas necessidades de outras maneiras, e não comendo.

Emagrecer, então, é apenas o produto da mudança do seu *ego*. Pare um pouco para apreender totalmente a importância desta verdade: as mudanças externas expressam mudanças internas. Para alcançar neste mundo o que queremos — seja perder peso ou conseguir uma promoção —, concentre-se nas mudanças internas que precisa realizar, pois as mudanças externas acontecerão natural e inevitavelmente.

Todas as nossas vivências programam nossas reações a vivências futuras, até escolhermos as vivências do mundo que confirmem determinado sistema de convicções. Um modo de nos definirmos, então, tem relação com nossas convicções.

Às vezes, interpretamos mal o mundo, e isso abala — quando não dilacera — nossas convicções fundamentais. O homem com quem você acreditava que viveria para sempre se muda para outra cidade. A empresa em que você trabalha extingue seu cargo. Você sofre um acidente de automóvel. Às vezes, nos deparamos com uma grande mudança inesperada.

Repare que quando sua realidade desafia suas convicções e o encara com a possibilidade de que você abra mão delas, você se sente traído. Toda perda gera uma sensação de traição.

Quando a perda ou outro transtorno destrói suas convicções, você não existe mais da mesma maneira — mas ganha a possibilidade de um novo começo.

No tocante ao mundo que nos cerca, nossas convicções funcionam como refletores, mas também podem funcionar como persianas. Nossas convicções ocultam qualquer fato que as ameace e põem em destaque qualquer fato que as justifique ou fortaleça. Ou seja, nossos sistemas de crenças são excelentes na legítima defesa. Todos temos pontos cegos — em especial com relação a qualquer coisa que questione quem pensamos que somos e aquilo em que baseamos nossa vida.

A crise acontece porque nossas convicções estão tão abaladas que não têm mais esses limites definidos. Somos lançados numa caça às novas convicções, nas quais fundamentar nossos atos e basear nossa vida.

As convicções dos grandes chefes espirituais de toda a história foram tão questionadas que todo seu ser se transformou. Ao permitir a transformação de si mesmos, tornaram-se exemplos brilhantes a seguir.

Uma das alegrias da criação dos filhos é acompanhar o amadurecimento do intelecto das crianças, não a passos curtos, mas a grandes saltos. Aos 4 anos, meu filho achava que a mãe tinha todas as respostas. Mamãe era a verdade. Certo dia — realmente um dia específico, lembro-me muito bem —, ele percebeu que mamãe não tinha todas as respostas. Nesse dia nasceu a sabedoria dele. Hoje em dia, na adolescência, acredita que tem todas as respostas. Mas, ao atingir a maturidade, essa fase das certezas inabaláveis também vai mudar. ("Não vai", disse ele. "Vai, sim", respondo com paciência, porém com firmeza.

"Você não sabe de nada", insiste ele. Fico aguardando o momento certo para continuar a discussão.)

Você é quem acredita ser; vive no mundo em que acredita viver; suas convicções fundamentam e sustentam tudo o que você vê no mundo, bem como seus impulsos e suas motivações. Quando não consegue mais constatar essa realidade, quando suas convicções ou circunstâncias não lhe permitem mais funcionar com eficiência — você entra em crise.

Eu estava com 35 anos quando meu marido e eu demos entrada no processo de divórcio. Meu filho estava com 2 anos. Embora estivéssemos separados desde quando engravidei, o divórcio litigioso era um mundo novo, apavorante.

Durante esse período, conheci um grupo de mulheres nos fóruns onde passávamos nossos dias no processo caro e brutal do divórcio. Para garantir a manutenção da guarda dos nossos filhos, tínhamos de provar para um estranho — o juiz — que éramos seres humanos viáveis sem o marido, mesmo que, no fundo, tivéssemos nossas dúvidas. Tínhamos de parecer autosuficientes, continuar íntegras e inabaláveis perante acusações que até jornalecos relutariam em publicar.

Na realidade, estávamos todas tão exaustas em razão das exigências de ser mães solteiras, de suportar os processos deprimentes no tribunal e de receber uma pensão tão minguada que já acreditávamos que não valíamos muito. Nossa vida anteriormente segura, às vezes até abastada, sofrera perda total. Estávamos vivendo na lixeira da nossa vida pregressa.

A certa altura do interminável processo de divórcio, contudo, caiu a ficha para todas nós — foi uma mudança palpável, visceral. Ironicamente, estávamos tão acostumadas a fingir coragem e auto-suficiência que começamos a acreditar nessas características, e as incorporamos! Conforme mudavam nossas convicções, criávamos coragem de telefonar para nos candidatar a empregos, de trabalhar de outra maneira com nossos advogados e tentar usar nosso talento para obter êxito. Com a mudança das nossas convicções acerca de nós mesmas, conseguíamos capitalizar as oportunidades que surgiam.

Ainda me admira o fato de que nossas transformações individuais aconteceram em grupo, quase simultaneamente. Quem nos vê hoje não consegue nos imaginar aquelas mulheres frágeis, medrosas e dependentes que éramos não muito tempo antes, aguardando nossas audiências.

Nos momentos em que somos obrigadas a nos adaptar às mudanças, nossos valiosos padrões e reações internos — que nos sustentaram até esse ponto — podem tornar-se uma barreira entre nós e o êxito. As resoluções de ano-novo fracassam porque fazemos uma lista que exigimos de nós mesmos, sem tratar das muitas partes interconectadas do ecossistema em que existem. Quem precisa emagrecer, arranjar um emprego melhor ou melhorar o relacionamento tem de alterar algo no ecossistema — seus padrões, ambientes, percepções ou relacionamentos —, cujo objetivo é um resultado natural e sustentável.

Quando nossas convicções mudam, mas a vida não muda com elas, acabamos vivendo uma vida de sombra, lutando por manter as convicções em uma vida e um mundo que não mais habitamos. Vejamos a história de Karen.

Karen era um gênio da publicidade. Sabia como dar um jeito de empacotar terra e convencê-lo a comprar. Seus trabalhos eram sempre elogiados pelos colegas, mas ela claramente não ligava para o trabalho nem para seu considerável talento. Ela só queria se casar, constituir família e ter alguém que cuidasse dela. Essas necessidades eram tudo para ela.

Infelizmente, os relacionamentos dela eram uma calamidade. Ela sempre escolhia homens inadequados ou comprometidos.

De um mês para outro, ela estava sempre eufórica com uma nova paixão ou arrasada por tê-la perdido. Muita gente menos talentosa recebia as promoções e os projetos que teriam exibido os dotes dela. Muitas mulheres menos simpáticas se casavam e constituíam família. Karen, solteira, 39 anos, não conseguia realizar seu potencial no trabalho nem no amor. Ao dispor seus dotes no "extremo nada" do espectro e sua fantasia doméstica no "extremo tudo", ela abrira mão do poder de realizar qualquer um dos dois potenciais.

Tudo na vida precisa ter importância; nada é inútil.

Para transformar seu mundo, transforme-se primeiro

O princípio da relatividade de Einstein revolucionou o modo como os cientistas encaram o universo e acabou por levar à descoberta da energia atômica. Mas o princípio da relatividade é mais que uma ferramenta para os cientistas: é uma poderosa ferramenta de pensar que todos podemos usar. Essa perspectiva vai revolucionar o modo como você vê a si mesmo e lhe proporcionará um poder inaudito de modelar seu universo.

Você não é um tiquinho isolado de energia. Você cria um campo de energia, relações e resultados. Se o seu mundo mudar, você muda. O princípio da relatividade nos diz que essa dinâmica também funciona ao contrário: *se você mudar a si mesmo, seu mundo muda — o universo muda.*

Se quiser mudar seu mundo, então, comece por mudar a si mesmo. Quando muda, você transmite as mudanças para o seu mundo e altera a dinâmica de tudo no universo. Você e suas circunstâncias estão mudando agora mesmo, enquanto lê as palavras impressas nesta página.

Ao tomar essas atitudes, mudamos o universo do qual fazemos parte. Para mudar seu mundo, mude a si mesmo. O contrário também é verdade: quando domina a si mesmo, você domina seu ambiente.

2

Sua vida está em crise?

Este livro trata do início de uma nova vida. Por que começamos uma nova vida? Porque estamos em crise com a vida antiga.

Sua vida está em crise? Como saber?

Perguntei porque nossas crises nem sempre se apresentam na forma de emergências. Em geral, imaginamos as crises de maneira grandiosa e dramática — até um grande evento positivo da nossa vida pode provocar uma crise —, mas muitas crises da nossa vida não são reconhecidas, são confundidas com outra coisa. Pelo menos as emergências são óbvias: exigem nossa atenção imediata.

A maioria das crises da vida é mais sutil, muito mais difícil de reconhecer — porém não menos perigosa para o nosso bem-estar. Uma vida aparentemente tranqüila pode mascarar uma crise existencial aguda.

As perguntas a seguir o ajudarão a identificar se há crise em sua vida.

- Falta algo importante — prazer, êxito, um relacionamento — em sua vida?

- Quer mudar algo em sua vida, mas não sabe como?
- Sente-se "encalhado"?
- Está mais irritado ultimamente com as pessoas à sua volta?
- Sente-se ressentido com problemas ínfimos?
- Sofreu alguma perda?
- Passou por alguma mudança recente (boa ou problemática) que o deixou desorientado?
- Está quase sempre triste?
- Sente-se sufocado?
- Lembra-se dos seus sonhos raramente ou nunca?
- Sente-se desamparado?
- Parece que tudo sempre dá errado?
- Acha difícil imaginar um futuro satisfatório?
- Tem tido pensamentos nostálgicos?

Se você respondeu sim a qualquer uma destas perguntas, pode estar em crise.

Ótimo. A crise pode ser um começo maravilhoso de uma vida melhor.

Uma das frases de clientes de que mais gosto é "Minha vida é ótima. *Eu sou* caótico!"

Se os aspectos externos da sua vida vão bem — emprego, relações, estilo de vida —, mas há uma sensação cáustica de que tem algo errado ou falta algo, há boa probabilidade de sua vida estar em crise.

Grande parte da pandemia de depressão que caracteriza a vida moderna provém de crises não reconhecidas. As fontes internas de sofrimento, o vazio e a tristeza inexplicáveis que sentimos. Os pontos mortos da nossa vida.

Essas sensações são possíveis sinais de que sua vida entrou em estágio de crise. Os locais de "tudo" e "nada" estão em zonas de risco para crises em nossa vida. Preste atenção no que diz ao acaso durante conversas. "Meu casamento é a única coisa que me importa" ou "Não faço nada para manter a forma". Estas declarações são precursoras de crises futuras.

O que é crise?

A palavra *crise* provém do grego antigo e significa "decidir". Crise é uma situação que nos obriga a tomar uma decisão. Não é possível evitar a crise deixando de decidir, pois até decidir-se a não decidir é uma decisão.

O termo clínico que designa qualquer mudança que sufoque nossa capacidade de lidar com ela é *trauma*. Usaremos a palavra mais simples, *crise*.

A causa da crise pode ser um único acontecimento impressionante ou uma série de ataques de menor importância que se acumulam ao longo do tempo. Pode nos provocar feridas profundas e alterar muito o modo como nos sentimos a respeito de nós mesmos e solapar gravemente nossa capacidade de agir com eficácia.

Quando ocorre uma crise em uma área da nossa vida, seu impacto faz reverberar todas as outras áreas. As mudanças profundas acontecem assim. Digamos que você perdeu o emprego. Não é só o seu meio de vida que muda — em maior ou menor grau, *todos* os aspectos da sua vida sofrem com isso.

Mudança — e crise — faz parte da vida

As mudanças estão sempre acontecendo em nossa vida. Em geral, lidamos com essas mudanças cotidianas de maneira eficiente, pois só requerem pequenas adaptações.

De vez em quando, porém, acontece em nossa vida uma mudança radical que não estamos preparados para enfrentar com eficiência: a perda do emprego, o fim de um longo relacionamento amoroso, uma doença grave, um problema financeiro.

Mesmo sem uma reviravolta abrupta, porém, o acúmulo cotidiano de mudanças até na vida mais organizada gera dificuldades ainda maiores. O velho eu pode acabar não funcionando mais com eficiência (ou ser eficiente, pois algumas pessoas funcionam bem sem sentir alegria).

Nesse ponto, a vida chegou a uma crise cujas dificuldades, cada vez maiores, obrigarão a nada menos que uma revolução no nosso ser. Se essa revolução não acontecer, a vida perde principalmente as oportunidades à nossa volta. Em resumo, viveremos a vida em crise *permanente* e contínua.

Existem dois sistemas fundamentais de movimento para a frente: evolução e revolução. Evolução consiste em mudanças pequenas, incrementais, contudo o resultado pode ser uma metamorfose completa. Ela acaba por tornar-se obsoleta, e o ser "evoluído" não mais se assemelha à estrutura original, não se encaixa mais no antigo ambiente. O neném dentro do útero se tornaria grande demais para seu lar material e morreria se não fosse parido (ou se insistisse em ficar onde está) num novo mundo, como um novo ser, com novas dificuldades.

A revolução, pelo contrário, é súbita, chocante e complicada. Pode ser jogada sobre nós ou nós podemos catalisá-la. Ela nos pede que enfrentemos o que não estamos preparados para enfrentar. Exige que nos aprofundemos muito mais dentro de nós mesmos para sobreviver. Fazemos novas exigências aos nossos amigos, à comunidade e à família porque temos de reagir, de maneira súbita e rápida, a dificuldades novas e desconhecidas.

Depois de realizada a revolução, sempre resta uma faxina a fazer. Essa faxina é uma combinação de processamentos emocionais, financeiros, físicos, intelectuais e espirituais que pode levar anos após a conclusão da revolução, a verdadeira mudança.

A fórmula clássica da ficção dramática é apresentar um protagonista. Fazê-lo, então, trepar numa árvore. Depois apedrejar o protagonista encurralado. Por fim, dar a ele recursos suficientes para descer da árvore.

Devemos reparar que, quando finalmente desce da árvore, o protagonista passou por uma mudança drástica — e seu mundo também. Reparemos, também, que ele vai acabar subindo em outra árvore.

Essa fórmula não é mero modelo de ficção — é o modelo da nossa *vida.*

Tudo vai relativamente bem para nós — pelo menos parece —, dia após dia. Nem sempre sem problemas, é claro, mas nada que não possamos resolver.

Porém, lenta e imperceptivelmente — ou, às vezes, de repente — nossos problemas se acumulam até o ponto em que percebemos estar numa crise que exige atenção total e todos os nossos recursos. Nesse ponto, estamos em cima da árvore e nos estão apedrejando.

Se reconhecermos esse processo pelo que é, e as lições que o universo nos está impondo, descobrimos que, para superar a crise, devemos mudar prioridades, ou comportamento, ou percepções, ou consciência, ou talvez tudo isso.

A crise passa, então, e nos reorientamos para nossa nova vida — se tivermos aprendido as lições. Às vezes, não aprendemos e continuamos encalhados na mesma crise ou em outra, que logo chega para substituí-la.

Exercício: Intervalo para experiência

Se você fosse um super-herói ou qualquer outra pessoa que pudesse resolver sua crise, quem você seria?

Experimente vestir essa pessoa. Torne-se esse herói só um momento. Veja se lhe cabe. Levante-se e dê uma volta na pele dessa nova pessoa.

Como essa pessoa se sente por dentro? Quais são suas habilidades, desejos e meios de se expressar? O que percebe quando olha ao redor sendo essa pessoa?

Finja que essa pessoa está mesmo dentro de você e que você está se tornando a pessoa que pode resolver sua crise. Quais pensamentos você teria, sendo essa pessoa? Quais sentimentos? Como veria e viveria sua situação?

Faça esse exercício de maneira rápida e coerente, para descobrir habilidades, idéias e perspectivas em si mesmo a fim de orientá-lo rumo a uma potente resolução da sua crise. Você vai perceber novos sentimentos, novas idéias e mudanças internas sempre que fizer o exercício; a experiência vai mudar à medida que *você* mudar. Você é muito mais do que conhece. Pode criar seus sonhos, mesmo não sabendo agora o que esses sonhos são.

Inicialmente, pode parecer impossível tornar-se quem você tem de ser para resolver a crise. Se o seu cônjuge fugiu com alguém mais jovem, como pode voltar a ter 20 anos se é isso que você acredita precisar para voltar a encontrar o amor? É provável que isso não seja possível (embora eu já tenha visto transformações milagrosas). Ao fazer esse exercício, porém, você vai encontrar os atributos de que precisa para ter 20 anos e acrescentar essas qualidades ao poder de quem você é agora. Essa transformação não acontece da noite para o dia; é um poderoso processo contínuo.

Vejamos o caso de Ellen. Ellen era diretora de uma escola. O marido dela conheceu uma mulher mais jovem, mais rica (juntou a fome com a vontade de comer) e acabou com seu casamento de 20 anos. Ellen se deixou consumir pela amargura e pela raiva dos dois filhos, que se sentiam abandonados por ambos os pais. Aos 50 e poucos anos, Ellen achava que tudo aquilo em que investira enquanto foi "bela" lhe fora tirado. Até fazer o exercício do super-herói foi muito difícil para ela — portanto, ela é nosso exemplo perfeito para ilustrar como funciona o exercício.

LAURA: Se pudesse ser alguém que tivesse a capacidade de fazer com que sua vida melhorasse num passe de mágica, quem você seria?

ELLEN: Alguém não tão burro a ponto de construir uma vida com aquele desgraçado.

LAURA: Isso — na sua percepção — é quem você era. Vamos partir disso. Quem você pode ser agora para consertar tudo?

ELLEN: Não sei.

LAURA: Está bem, você pode ser alguém que não sabe. Você, sendo seu super-herói, não sabe. É um ato de coragem alguém que admite não saber. Por que não se levanta e dá uma volta ao redor da sala na pele de alguém que não sabe. Você não sabe o que aconteceu nem o que acontecerá. Você não sabe quem é ou não é. Não sabe. Como essa pessoa se sente por dentro?

ELLEN: Sente-se boba andando pela sala. Parece que todos estão olhando para ela. É como se, já que finalmente tem a atenção de todos, devesse fazer algo de bom para si mesma com isso.

LAURA: Ótimo. Agora consegue dizer "eu", em vez de "ela"? O que você quer neste momento? O que vê ao seu redor?

ELLEN: Vejo o interesse de todos. Tenho me sentido muito envergonhada. Como se eu fosse um lixo, mas quando olho ao redor, sem saber, tenho a impressão de que todos querem me ajudar e estou começando a me sentir aberta à ajuda. Acho que venho me sentindo muito solitária, há muito tempo. Tudo se resumia em tentar fazer Jim [o marido dela] feliz, e isso era batalha perdida. Sinto-me como se pudesse mesmo ajudar outras pessoas simplesmente estando com elas. Sei que muitos dos meus amigos comentaram isso comigo.

Laura: Então ande pela sala como se fosse essa pessoa. Alguém que tem algo a dar e vem dando à pessoa errada há muito tempo. Como se sente na pele dessa nova pessoa?

Ellen: Eu me sinto como se estivesse me convidando para festas sem querer ser convidada, e fazendo piada com a minha própria situação. É como se eu dissesse aos meus filhos que é assim mesmo e que vamos encontrar uma solução juntos, mas precisamos experimentar coisas novas. Estou com vontade de agradecer a você por me convidar e aos meus filhos para entrar na sua vida, longe dos fins de semana, fazendo meus filhos se sentirem especiais, em vez de vitimizados pela nossa nova situação. Acho que ficar presa ao que aconteceu no meu casamento está mantendo meu coração casado, porém malcasado, doentiamente casado. Quando ando por aqui como essa nova pessoa, sinto-me atraente para todos vocês, como se vocês admirassem meu coração. Acho que posso encontrar um homem que também admire meu coração, mesmo que esteja em um corpo mais velho. Na verdade, sinto-me verdadeiramente bonita agora. Agora estou envergonhada por ter dito isso, mas é assim que me sinto. Quando penso no assunto, percebo que já era infeliz antes que ele fosse embora. Eu precisava de alguém que sentisse a vida de maneira tão profunda quanto eu. Meu ex só queria saber de esportes, filmes, viagens e de me evitar; tudo para bloquear o que eu queria. Esta poderia ser minha oportunidade.

Laura: Como você se vê quando assume o papel de super-heroína?

Ellen: Sou alguém que não sabe — contudo crê. Sou alguém com fé.

Repare que ao fazer esse exercício Ellen citou o que no início via como falhas ou incapacidades. O exercício mostrou-lhe que até essas incapacidades podiam tornar-se "supercaracterísticas".

Quando não nos adaptamos à mudança, sentimos raiva, ansiedade e talvez até depressão. Podemos ficar paralisados, indefinidamente congelados em um momento entre quem somos e quem poderíamos nos tornar. Vejamos a história de Emma.

Para Emma, oferecer à família determinado estilo de vida era tudo. Não fazia quase nada além disso. Emma tivera um alto cargo, muito bem remunerado durante quase todo o tempo em que estivera casada. Quando os filhos nasceram, continuou trabalhando. Durante as férias de verão da família, ela só os visitava nos fins de semana. Era a principal provedora da família. O marido trabalhara pouco tempo em um emprego criativo e, depois, parou de trabalhar. Tinham empregados domésticos mais que apropriados, e o marido, então, embora estivesse quase sempre em casa, contribuía com muito pouco.

Logo no início do casamento, Emma orgulhava-se de ser capaz de sustentar a família de um modo que os pais dela não foram capazes de sustentá-la. O marido, porém, começou a achar defeito em tudo o que ela fazia. Em vez de ser grato pelo sacrifício dela, tornou-se ressentido e abusado.

Emma agarrava-se à idéia de que sua família era funcional e que trabalhar era seu modo de contribuir, muito depois de perceber que era a única a fazê-lo. O filho também se tornou abusado, fazendo eco às reclamações do pai. A filha era calada e triste, sem saber como digerir a angústia que a mãe fingia não sentir.

Emma começou a perder o interesse pelas atividades prediletas. Começou a emagrecer. Tinha sido uma bela jovem, mas com o passar dos anos ficou com uma aparência enrugada, envelhecida. Começaram a aparecer sintomas físicos um após o outro: palpitações, insônia, problemas gástricos, ginecológicos. Ela atribuiu essas afecções ao envelhecimento. Os amigos sabiam que o marido dela tinha amantes, mas ela nem fazia idéia.

Por fim, descobriu um dos casos do marido. Essa crise resolveu anos de problemas silenciosos. Ela se sentia como se a vida tivesse chegado ao fim e tudo aquilo por que trabalhara tinha sido perda de tempo, mas a crise lhe permitiu tomar providências: começou a reivindicar os filhos e a vida.

Emma percebeu que sustentar os outros não era seu único papel, que a vida consiste em muitos elementos e que ela se desgastara sem eles. Com isso em mente, começou a processar a reconstrução da vida. Agora presta atenção na angústia para poder lidar com sua causa um dia de cada vez. O marido ficou com "seu quinhão do bolo" e viverá modestamente com os juros pelo resto da vida.

Ela pegou tudo o que ganhara, mas não fora capaz de desfrutar — dois filhos lindos, uma carreira maravilhosa, a capacidade de sentir prazer e a habilidade de ser generosa no relacionamento. Vejo um futuro maravilhoso à sua frente e o mais é importante é que ela também.

A crise pode ser uma bênção disfarçada. A crise nos obriga a criar uma vida nova, que reaja às nossas necessidades mais profundas. A crise não nos permite "simplesmente sobreviver", vivendo com uma flagrante depressão profunda de necessidades não declaradas e sonhos não realizados. A crise sacode o *status quo* e nos incentiva a reavaliar as pessoas e as situações da nossa vida e a fazer correções que levem à alegria e ao êxito.

A crise é transformação retardada. Nem todos os acontecimentos catastróficos são fáceis, é claro. Quando damos a nós mesmos as habilidades e os apoios necessários, contudo, *qualquer* mudança na vida pode nos conduzir a um lugar mais forte e mais autêntico. A autenticidade é ser a pessoa que você se orgulha de ser em uma vida que lhe oferece a oportunidade de se expressar totalmente.

A vida feliz abraça o preparo para a crise. Quanto mais aprendemos a lidar com a crise, mais nossa vida melhora, em todos os aspectos. Aprender a lidar com a crise é aprender a lidar com a vida, pois as crises são parte fundamental da existência humana.

A crise pode estimular o amadurecimento

Já nasci sobrevivente. Mesmo em ocasiões que puseram à prova minha determinação de viver, eu sempre punha um pé à frente do outro e acabava pegando impulso de novo.

Na juventude, eu atribuía minha habilidade para a sobrevivência à sorte, à fé ou ao meu temperamento singular. Cada uma dessas características me deixou a ver navios algumas vezes. Depois de caminhar neste planeta durante 45 anos — vinte deles trabalhando com gente em crise —, sei o que faz o sobrevivente ou a vítima. Todos somos vítimas de algo. É o que fazemos *depois* da queda que define se também somos sobreviventes.

Ofereço-lhes as minhas histórias para que vocês possam ver por que sou tão apaixonada por este trabalho. O pior que me aconteceu acabou se revelando uma bênção disfarçada.

Minha história

Em mim e na minha vida, adoro o seguinte: meu filho e minha família; minha intuição; minha capacidade de estimular, ensinar e curar; minha imaginação, minha cautela e sensibilidade; meu modo leal, passional e transcendente de amar; minha capacidade de encontrar ou criar o que preciso em qualquer situação.

Dois dias depois de completar 14 anos, meu pior pesadelo se realizou: a única pessoa que eu amava me foi roubada. Em uma fração de segundos todos os meus sonhos foram mutilados, todas as minhas convicções, esmagadas. Desmoronaram-se totalmente todas as estruturas da minha vida. Contudo, tudo o que amo também nasceu naquele dia.

Embora eu puxasse ao meu pai na aparência e na natureza controladora e responsável, eu era filha da minha mãe até debaixo d'água. Não conseguia imaginar nada nem ninguém mais lindo do que minha mãe. Ela inspirava poesia, pintura, brio e devoção. Nem nas mais remotas recordações consigo lembrar-me de alguma época em que minha mãe não fosse o centro e a totalidade do meu universo. Aceitei sua vontade de morrer sem questionar. Eu me dedicava com entusiasmo a mantê-la viva (estava a anos de distância de completar 16 anos, não se esqueçam). Nunca invejei a família de ninguém.

Minha mãe era supermágica. Ainda me lembro da manhã em que ela me levou para a escola pela primeira vez. Eu me orgulhava porque ela era minha para todo mundo ver. Apesar dos anos de depressão, das tentativas de suicídio, do divórcio do meu pai, da amarga batalha pela guarda dos filhos, meu único medo era de perdê-la; meu único desejo era estar perto dela, sempre.

Eu sabia que *sempre* viveria com minha mãe. *Sabia.* Afinal, eu precisava dela, e ela precisava de mim. Tudo o que eu vivia era para contar a ela e desfrutarmos juntas. Embora fosse a mais velha dos quatro filhos dela, eu me sentia a única; decerto eu era aquela para quem ela vivia. Ainda tenho a carta em que ela me disse que era eu que a mantinha viva.

Quando minha mãe morreu, meus pais estavam passando por uma separação difícil. Fui obrigada a morar com meu pai, a meio continente de distância da minha mãe. Meu pai e eu tínhamos uma relação tempestuosa. Eu inventava tramas novas todos os dias, pensando incessantemente em meios de voltar para minha mãe. Prestava serviços de babá para ganhar dinheiro a fim de pagar telefonemas para o local em que ela morava com os pais, no Kansas. Do meu pai eu recebia o mínimo possível, para não me tornar dependente dele. Não tinha tempo para os amigos nem dinheiro para ir ao cinema. Só imaginava a minha vida com a minha mãe. Tudo mais era insignificante.

Eu tinha passado 14 anos tentando manter minha mãe viva. Minha mãe, maníaco-depressiva, era um amor, criativa e adorável quando estava bem ou, pelo menos, na fase de mania. Quando estava mal, porém — o que acontecia na maior parte do tempo —, era angustiada, suicida ou dormia.

É estranho lembrar de detalhes anos após um acontecimento importante. Foi dois dias depois do meu aniversário de 14 anos. Eu tinha ido a um torneio de tênis na Filadélfia com meu grande amigo Squeegee e alguns outros amigos. Um dos rapazes, de brincadeira, mas com afeto, me apelidou de "peitinho". Esse apelido me fez reparar que havia — finalmente — criado minúsculos seios. E também fiz uma nova e grande amizade no torneio. Ela não tinha mãe, só pai, que era guarda de segurança e não tinha muitos dentes. Apaixonei-me pelo irmão dela.

Eram 11 horas da noite. Eu tinha acabado de chegar da Filadélfia. Estava cansada, mas empolgada com o dia que tivera no apartamento de Squeegee. Eu ia comer um pãozinho quando meu pai telefonou e me mandou subir para o nosso apartamento imediatamente. Ele estava sentado à grande escrivaninha de madeira do canto direito da sala. Levantou-se quando entrei, ainda segurando o pãozinho. Estava furioso porque cheguei tarde e disse: "Sua mãe morreu. Vá cuidar dos seus irmãos."

Em um instante minha vida tornou-se surreal. Larguei o pãozinho e caí no chão, não tanto porque estivesse zonza, mas porque não sabia o que fazer. Eu me sentira num filme; nada era real numa cena em que minha mãe estava morta.

Eu havia falado com ela dois dias antes, no meu aniversário. Passara o dia inteiro telefonando da Filadélfia, mas ninguém atendia. Em geral, quando não conseguia fazer contato com minha mãe, quase sempre suicida, eu me desesperava. Naquele dia, porém, eu estava tão dominada pela paixão e pela nova grande amiga que minha preocupação filial se escondera em algum canto da consciência que me permitira a rara oportunidade de ser uma adolescente relativamente despreocupada.

Talvez o leitor imagine que o meu mundo tinha caído quando ela morreu, mas não caiu. Continuei escrevendo poemas para ela, conversando com ela, lembrando-me do cheiro dela quando adormecia. Encontrava sinais dela por toda parte. Eu simplesmente negava que ela se fora.

Cinco anos depois, então, a enormidade da minha perda finalmente me atingiu: minha mãe estava morta. Meu mundo criteriosamente estruturado — construído sobre o frágil alicerce da denegação — se revelou. E eu também. Um ano depois eu já estava casada, praticamente abandonara a escola e me deixara dominar pela ansiedade acerca de tudo: da guerra nuclear a varizes imaginárias. Eu estava paralisada e passei dez anos nesse estado.

Durante a vida da minha mãe, surgiu-me uma capacidade intuitiva requintada, então eu conseguia prever as depressões e as tentativas de suicídio dela, tudo numa tentativa inútil de mantê-la viva. Já que minha capacidade intuitiva, às vezes, me avisava das crises dela com certo atraso, cultivei também uma capacidade de cura: a habilidade de deslocar energia e matéria para aqueles momentos. Depois que ela faleceu, continuei a travar a mesma batalha, tornei-me uma terapeuta que trabalhava com doentes terminais e também como intuitiva, como meio de me antecipar, senão prever, desastres.

Naqueles anos, continuei a procurar minha mãe, embora já tivesse percebido que ela estava morta. Minhas percepções foram tão longe à procura dela que passei a ter uma capacidade que nem imaginava existir. Minha visão conseguia entrar em qualquer coisa — em outras pessoas, no futuro, em possibilidades nem sequer imaginadas —, e eu descrevia o que via, de maneira precisa e minuciosa. Em razão do histórico de doença mental da minha mãe, recebi bem as oportunidades de testar minhas habilidades intuitivas e de cura, principalmente quando eram pesquisas feitas pela comunidade científica. Minha capacidade sobrenatural se tornou celebrada e bem documentada.

Anos depois, quando passei pelo divórcio, minha capacidade intuitiva me ajudou a escrever um livro — que entrou na lista de best-sellers do *New York Times* que auxiliou outras pessoas a explorarem a própria intuição. Depois de passar meus primeiros 14 anos de vida tentando curar minha mãe, eu procurava pessoas que precisassem de cura, e com isso conquistei renome mundial.

Minha necessidade de criar meu próprio mundinho, no qual minha mãe também morava depois de morta, permitiu-me criar um mundo seguro e maravilhoso para a minha família. O meu galpão, transformado em apartamento, é o ponto de encontro dos meus amigos e dos amigos dos meus filhos. Trabalho em casa, no meu mundinho, e, ao mesmo tempo, em contato com o mundo inteiro.

O leitor pode, então, perceber que a pior coisa que me aconteceu foi, na verdade, uma bênção disfarçada.

Minha mãe se matou dois dias depois do meu aniversário de 14 anos. Desde então, comemoro meu aniversário no dia 22 de março — e a morte da minha mãe 48 horas depois.

Passei a infância sempre em guarda e alerta. Perdi o desenvolvimento normal da minha infância tentando manter minha mãe viva. Assim como todas as perdas, a minha continha uma valiosa dádiva. Tudo o que sou hoje — a vida que amo, minha capacidade de enxergar além dos limites, minha capacidade de cura — provém da perda da minha infância.

No meu aniversário, quase no mesmo dia da morte da minha mãe, nasceu o meu filho.

Quando sofremos toda a dor esmagadora e o tormento dos acontecimentos traumáticos, não é nada fácil ter a perspectiva de descobrir a bênção disfarçada. Quando perdi minha mãe, levei anos para perceber totalmente as compensações que o universo me legara.

Os exercícios contidos neste livro pretendem ajudá-lo a acelerar esse processo para que você possa abraçar de maneira mais completa seu novo eu e a nova vida que toda crise traz.

Exercício: Cura da crise

Analise as seguintes perguntas:

- O que você ama na sua vida e em si mesmo?
- Qual foi a pior coisa que lhe aconteceu?
- Como seria a sua vida hoje se isso não tivesse acontecido?

Registre suas respostas no diário.

Nos dias e semanas seguintes, depois de ler este livro e aumentar o conhecimento de si mesmo e da sua vida, reveja estas perguntas. Você vai perceber, como eu percebi, que o pior acontecimento da sua vida, não obstante, lhe trouxe muitas das qualidades amadas e autênticas em você mesmo e em sua vida.

Ganhamos nossas dádivas quando somos obrigados a ir além de quem somos e do que somos, por meio de crise, perda — até da fama ou da boa sorte que muda nossa vida. Quando eu provocava o meu pai a respeito da velhice (naturalmente, naquela época ele estava mais novo do que eu estou hoje), ele respondia: "É melhor que a alternativa." As pesquisas demonstram que o resultado mais comum de traumas graves não é o transtorno do estresse pós-traumático, mas, pelo contrário, um substancial *amadurecimento* pessoal.

A crise é nosso modo de evoluir quando nos falta a coragem de fazê-lo de livre e espontânea vontade. Mesmo que não aceite essa teoria, não há alternativa além de seguir em frente na vida. As perguntas importantes não são "Por que isso aconteceu comigo?" nem "Como isso aconteceu?", mas, pelo contrário, "O que eu sou?" e "Aonde quero ir com o que tenho agora?". Sua resposta pode ser "Quero voltar para meu casamento", "Quero ser a pessoa que era antes de ser assaltada", "Antes da morte da minha mãe" ou... ou... ou...

Pode realizar-se de outra maneira — se for à raiz do que lhe falta e lembrar que arrependimento demais é culpa. Nós nos torturamos com a fantasia infantil de que controlamos o mundo e de que, se tivéssemos feito isto ou aquilo, não estaríamos sofrendo como agora.

Quando perdi minha mãe, sim, claro, eu a queria de volta. A raiz do que eu queria, porém, era sentir-me ligada a outro ser humano que me olhasse com o amor e o carinho que eu dedicava à minha mãe.

A crise é um golpe violento no seu mundo. Quando chega uma crise, não temos opção: se não evoluímos, permanecemos aleijados.

Sobrevivência não é a simples capacidade de continuar a respirar. Sobrevivência é a capacidade de transformar toda crise ou mudança em uma vida mais forte, eficaz e satisfatória. Sobrevivência é a capacidade de abrir mão do que você era para poder evoluir e tornar-se alguém mais alegre e radiante.

Os fins são começos — se permitirmos que sejam. Porque achamos muito difícil nos desapegarmos, não nos sentimos seguros em buscar um lugar melhor.

Viver é aprender a desapegar-se — de temores, sonhos, pessoas e situações — para chegar a um lugar melhor.

Vemos nossa vida com caminhos lineares. Nossas ocupações, por exemplo: a palavra *carreira* provém de palavras mais antigas cujo significado era "estrada" e, mais tarde, "pista de corrida".

Com essa idéia de vida, não devemos nos surpreender com o terror que cada um de nós sente quando essa carreira parece precipitar-se — ou claudicar —, descontrolada, ou quando nossa vida parece cada vez mais "à deriva".

A verdade é muito diferente. Nossa vida é, certamente, uma sucessão de ciclos que se expandem cada vez mais, nos quais trocamos um eu e uma vida por outros.

O que nos encrenca é quando não reconhecemos o processo, e o combatemos até o fim.

Não devemos nos esquecer de que a crise é uma oportunidade de mudança drástica e positiva. *Espera-se* que tudo desmorone para nos levar a um lugar melhor. Quem não encara a vida assim, permanece encalhado.

3

Uma nova vida o aguarda, contanto que você abra mão da antiga

Há alguns anos eu estava sozinha em um café próximo ao Museu de História Natural aqui na cidade de Nova York, saboreando uma xícara de chá. Era início de fevereiro, em geral o final do gelado inverno, que, com certeza, não é minha época favorita do ano.

Esse inverno específico, porém, tinha sido notavelmente quente. Tão quente, na verdade, que parecia que o inverno ainda não tinha começado e que Nova York estava se deliciando com um outono ameno.

Eu estava desfrutando da vista do museu e dos passantes pelas grandes vitrines do café quando minha atenção foi capturada por algo esquisito. A árvore decídua que ficava ao lado da minha mesa no café ainda estava com todas as folhas (não esqueçam que era inverno).

Notei que, por não ter sentido temperaturas suficientemente frias durante o outono e no começo do inverno, a árvore não "sabia" que devia soltar as folhas. Fiquei aflita ao perceber que em questão de semanas, com a chegada da primavera, os novos brotos tentariam emergir dos ramos normalmente sem folhas.

Como, eu me perguntava, a árvore resolveria esse dilema? Como a nova vida emergiria dos galhos enquanto a árvore se apegava a partes da antiga vida?

De vez em quando ainda penso nessa árvore, principalmente quando vejo com que freqüência nos apegamos a partes de nós mesmos cujo tempo já passou e, ao fazê-lo, impedimos o surgimento de partes mais novas, mais importantes, do nosso ser.

Para viver a vida e fazer as tantas transições que nossa vida requer, precisamos dominar conscientemente a capacidade de abrir mão da velha realidade e nos preparar para criar a nova. A nova vida que você construir é a dádiva de transmutar crises em bênçãos.

Enquanto somos fetos, é lentamente que passamos a ter percepção e poder. A princípio, não temos consciência do que sentimos porque o cérebro só se desenvolve depois de certo número de meses de gestação. Aos poucos, os membros, os órgãos e as percepções tomam consciência do nosso ser.

Em algum ponto após a concepção, ganhamos a capacidade de dirigir nossos atos de maneira consciente e a nos adaptar ao ambiente de novas maneiras. Assim que conseguimos fazê-lo, nosso ambiente (o útero) fica apertado, e segregamos os hormônios necessários para vir à luz.

Ao nascer, deixamos para trás tudo o que conhecemos ou sentimos. Permitimos que muitos dos nossos mecanismos de adaptação se tornem obsoletos, porque não há conforto e precisamos fazer uma mudança. Na verdade, se continuarmos no ambiente uterino além do prazo, jamais nasceremos num mundo novo, pois morreremos.

O neném do útero, então, *renasce* durante o parto, quando respira ar, tem de se comunicar para pedir alimento, calor e segurança. Quando sente a falta do que era — a falta do "eu" que você era dentro do útero —, não há mais retorno. A situação — o você que existia — não existe mais.

Não há retorno; essa é a tragédia do ser humano. Há, contudo, um eterno *seguir em frente*; esse é o divino dote e privilégio do ser humano.

O objetivo da nossa vida deve ser escalar bem acima do monte das nossas experiências para entrar no ego mais novo, mais jovem, mais brilhante, mais alegre, mais maravilhoso, que estamos destinados a ser. Contudo, nós nos apegamos — tanto às boas quanto às más experiências — e, ao fazê-lo, ficamos estagnados.

Desapegar-se é difícil

Para viver com plenitude, é preciso estar disposto a abrir mão de si mesmo. Essa tarefa nunca é fácil, pois, por mais disfuncional que seja nossa antiga vida, ela nos definiu, e fomos definidos por ela.

Abrir mão do passado é a parte mais difícil da lida de ser humano. Tudo o que identificamos como "eu" e "lar" está contido na nossa história.

A vida, não obstante, apresenta situações que exigem renúncia — senão... É possível que você nem sempre saiba que um relacionamento acabou, que está certo sair do emprego, da cidade, até mesmo de abandonar um modo de ver a si mesmo. Vejamos a história de Jaime.

Quando Jaime tinha 12 anos, perdeu a mãe. Um ano depois, quando o pai morreu, ele e o irmão mais novo foram adotados. Uma família de Long Island se ofereceu para levar os dois meninos.

Embora os dois irmãos fossem muito apegados ao pai e, naturalmente, ao fato de constituírem uma família, reagiram à crise de maneiras distintas. Chris, um ano mais novo que Jaime, explodia a cada vez que lhe apresentavam algo novo. Resistiu à troca de escola, não gostava da família adotiva, queria muito voltar à cidade para brincar, embora houvesse muito entretenimento em Long Island. Não fez novos amigos e estava sempre gazeteando as aulas, passeando com o velho grupo de amigos. Compreensivelmente, ele se agarrava aos complementos de uma vida agora perdida. Mudava de um lar adotivo a outro, não ficava em lugar nenhum. Na última vez em que tive notícias, ele estava na cadeia.

Jaime se empenhou para adaptar-se à nova família. Entrou no time de futebol, embora o jogo da cidade de sua infância fosse xadrez. Sabia que não ia querer mais viver a situação em que se encontrava, de hóspede na casa dos outros. Concentrou a energia em obter as notas que o levariam a uma boa faculdade. Soube que havia oportunidades para crianças adotadas e aproveitou-as da melhor maneira possível. Tinha um novo status e aproveitou todas as oportunidades que esse status lhe oferecia.

Só depois que terminou a faculdade, quando já estava trabalhando, casado e esperando o primeiro filho (tudo isso ainda bem jovem), ele sentiu todo o impacto da tristeza. Quando isso aconteceu, porém, ele já tinha um lar próprio, uma esposa amorosa e uma nova vida a caminho. Dava valor às bênçãos e lamentava a perda.

Chris não conseguia libertar-se do passado. Continuou sendo o menino amado pelos pais que morava na cidade de Nova York. Aquele garotinho ainda está procurando um lar em um passado que não existe mais. Não foi capaz de tornar-se uma pessoa que pudesse capitalizar as novas circunstâncias.

Jaime foi caminhando para a frente. Observou, mudou, adaptou, administrou o novo comportamento, e encontrou o caminho "de volta para casa" numa família própria. Para tanto, ele abriu mão de um modo de ser e de uma vida que adorava, mas esse apego a ela só lhe faria mal.

Aprender a viver bem significa desapegar-se. Esse conhecimento e essa capacidade nos tornam felizes e bem-sucedidos.

Todos percebemos a importância de deixar de lado as coisas ruins da nossa vida: um relacionamento amoroso ruim, um emprego debilitante. Mas renunciar a essas coisas é quase sempre impossível até desistirmos da idéia de ego vinculada a elas.

Surpreendentemente, a capacidade de renunciar a uma noção de si mesmo em troca de outra é uma habilidade que usamos desde a infância. Passamos grande parte da infância cultivando nosso conhecimento pragmático de nós mesmos. Aprendemos a conhecer quem são nossos familiares, quais são nossas regras, nossas responsabilidades, nossas crenças etc. Aprendemos quem somos no mundo.

A cada etapa sucessiva da nossa vida, somos obrigados a abrir mão de uma noção de ego e começar de novo o processo de redefinir quem somos. Adolescência. Maturidade. Paternidade. Velhice. A cada capítulo da vida, precisamos recomeçar a tarefa interminável de responder à pergunta simples: *Quem sou?*

Todos entendemos por que Peter Pan queria ser uma eterna criança, contudo ele nunca teve as muitas alegrias da maturidade.

Precisamos aprender a nos desapegar

Em todos os níveis — indivíduos, empresas, sociedade — somos ineficazes no trato com as mudanças porque nos consideramos estruturas duráveis que só passam por mudanças evolutivas. Sempre resistimos à mudança — tentando desesperadamente nos agarrar ao que tínhamos —, para manter nossa ilusão de controle.

Para nos assegurar desse controle ilusório, é comum tentarmos reconstruir ou curar o antigo, em vez de seguir em frente. Seguir em frente nem sempre significa ir embora. Já conheci muitas relações que morreram e, não obstante, renasceram de forma diferente, porém duradoura.

Na nossa sociedade, não nos ensinam a lidar com as grandes transições da vida. "Não existe segundo ato na vida dos cidadãos dos Estados Unidos", lamentava o escritor F. Scott Fitzgerald. Assim, resistimos à mudança de maneira patológica e, principalmente, fútil.

Para ter um segundo ato, é preciso fechar a cortina do primeiro ato.

Essa é a pegadinha.

Ao ler este livro, o leitor está erguendo a cortina do próximo ato de sua vida.

Conheço pessoas que ficaram estagnadas em egos que se tornaram obsoletos. Situações que teriam lançado em crise os mais duros dentre nós passaram por elas e as deixaram inalteradas. Pode parecer algo digno de inveja, principalmente para quem está passando pela parte dolorosa de uma crise neste momento. Essa gente, contudo, não cresce nunca.

Quem não cresce, assim como o neném que não sai do útero, fica estagnado. Essa estagnação quase sempre assume a forma de doença, depressão, problemas de peso e outros, piores.

Quem não tem participação ativa na própria vida torna-se vítima dela. A história de Thea ilustra isso.

Thea era uma quarentona linda, bem-sucedida. Um amigo a levou a uma das minhas oficinas para aprender a desenvolver a intuição. Ela estava se recuperando de um rompimento. Alguns meses antes, conhecera o homem com quem achou que ia se casar. Passavam cada minuto juntos, e ele praticamente se mudou para o apartamento dela, que não conseguiu entender quando ele, de repente, se tornou frio e distante e, depois, terminou o relacionamento.

Quando Thea me contou essa história, percebi que seus relacionamentos amorosos eram sempre iguais. Ela conhecia um homem, ele se apaixonava loucamente por ela e ela por ele. Quando se aproximava de realizar o sonho de ter uma família, ficava ansiosa e carente, e o relacionamento acabava logo. Nesse ponto, estava tão concentrada em "fechar o negócio" que a relação não era mais satisfatória também para ela. Em sua história de 25 anos de relacionamentos, o comportamento dela em todos era o mesmo.

Os pais dela, casados havia mais de 25 anos, não conseguiam entender por que sua linda e talentosa filha vivia sozinha. Thea gozara de uma infância normal. Surgiram, porém, dois elementos significativos em sua história. Era a caçula que competia com os dois irmãos mais velhos pela atenção dos pais. Também ficou claro que ela reagia com ansiedade. Quando se apegava a um relacionamento amoroso e com medo de "perder o lugar", a ansiedade tomava conta dela (com lampejos de raiva).

Em vez de questionar esse comportamento e tratar da ansiedade, Thea simplesmente repetia o modelo de drama amoroso com todos os novos namorados. Continuava a procurar amores, então a situação nunca chegava ao estágio da crise consumada que a obrigaria a examinar o modelo. O sofrimento considerável por que passava na vida amorosa não era o suficiente para forçar uma mudança. Ela continuava estagnada, alternando entre a esperança e a rejeição.

Apegar-se é normal, contanto que você saiba desapegar-se

Quando falo da necessidade de todos os seres humanos estarem dispostos a desapegar-se não sugiro que se adote uma indiferença estóica ao que se tem. Longe disso: é preciso apegar-se a algo para desapegar-se.

Todas as religiões ensinam a importância de não se apegar demais às coisas mundanas, sejam objetos ou esperanças, ou mesmo a quem está à nossa volta. É importante ter um apego apaixonado ao que está acontecendo no momento — porém é igualmente importante ser capaz de reconhecer quando a situação mudou, ou quando *você* mudou, e amados, fidedignos relacionamentos, situações e estruturas da sua vida não são mais os mesmos.

O desapego é, então, a situação de atenção em que você é seu próprio professor, quando pode encarar de uma nova perspectiva o momento presente.

Desapegar-se — *embora* conserve aquilo de que realmente precisa. O desafio é *este*.

Como saber que chegou a hora de desapegar-se? Às vezes, a questão é mais difícil quando sabemos que está na hora, mas não sabemos *o que* largar!

Não se esqueça de que, quando julga a si mesmo por seus conflitos mais mesquinhos ou "incultos", você ignora uma metáfora interna que pode ter muita força. O que você sente precisa ser analisado e criticado.

O grandioso ciclo do ego

Imaginamos as viagens com início e fim. Na verdade, as viagens são círculos que formam o portal para o próximo ciclo, fins e inícios acontecendo simultaneamente a cada momento. A própria vida é um círculo sem início nem fim. E a perda e a crise são partes inerentes, inescapáveis, do círculo da vida.

Quando falo em criar um novo ego quero dizer mais que simplesmente "reinventar-se". Para que aconteça um verdadeiro renascimento, é preciso que a pessoa esteja passando por uma crise em todos os níveis: uma crise emocional, uma crise física — no ambiente dela, bem como no corpo dela — e, especialmente, uma crise de fé.

Recriar-se é direito inato. Para que o ego novo e brilhante apareça, é preciso aceitar a perda — lamentar, mas também celebrar os portais que a perda abre. Quando aceita a inevitabilidade da perda, liberamos o ego latente. Poderíamos nos tornar muitas pessoas se o medo, a vergonha ou as circunstâncias não nos tivessem orientado em outra direção. Esses egos ainda podem emergir.

A vida é cheia de perdas. Tudo o que somos, tudo o que sabemos, muda com tanta regularidade quanto as estações. Algumas das perdas são previsíveis, os ápices orgânicos do crescimento. Em outras ocasiões, nossa vida, como a conhecemos, é roubada de nós com a morte de um cônjuge, um crime contra nós, ou a perda da saúde ou do meio de vida.

Você tenta apegar-se, mas a vida lhe contou que seu antigo ego já está pronto para ir embora a fim de abrir espaço para o surgimento do seu novo ego. Acatamos a perda e vivemos totalmente, ou a negamos e a ela resistimos, condenando-nos ao luto eterno.

Volte constantemente à questão do ego

A percepção é um potente agente de mudança. Você já deslocou seu foco, de maneiras sutis, da crise para um novo e mais potente modo de ser. Sua noção de ego também começou a mudar de maneira positiva. Vai continuar a evoluir no decorrer da leitura deste livro, e depois. De vez em quando, então, sempre que estiver inspirado, volte a pensar na mais fundamental daquelas perguntas: *Quem é você?*

4

Como você reage às mudanças?

Como você reage à mudança na sua vida é tão importante quanto o tipo de mudança. Quando acha que precisa realizar alguma mudança na vida, a mudança *já* aconteceu! O que ainda não aconteceu é sua *reação* à mudança.

A mudança propriamente dita não é difícil; reconhecer e aceitar a mudança que já aconteceu na sua vida é.

A mudança pode ser uma ferramenta eficaz para levá-lo ao próximo nível de alegria, produtividade, criatividade e êxito. A mudança também pode anestesiá-lo e deixá-lo paralisado, ou produzir uma reação destrutiva, ou ferir o núcleo da sua crença no mundo e em si mesmo. A diferença não está nos tipos de mudanças que lhe acontecem, mas nas maneiras de perceber essas mudanças e reagir a elas.

Há muitos modos de adaptar-se à mudança. Alguns são incentivadores e outros, prejudiciais. Muita gente se adaptou na infância afastando-se da vida — não se deixando afetar pelo mundo e pelos relacionamentos à sua volta, porque evitam reagir a eles. Naturalmente, essas mesmas pessoas são solitárias, isoladas e quase sempre ineficientes em muitos setores da vida.

Para ser eficiente na vida é preciso ter a capacidade de se deixar afetar pelos acontecimentos, e crescer com a experiência, em vez de permitir que ela o desoriente. Quem se adapta organicamente às mudanças, sem traumas, tem a capacidade de sentir as perdas, mas conta com a intuição e o método que lhes permite criar do nada.

Essas pessoas estão abertas às mudanças na vida sem permitir que elas definam quem são e quem escolheram ser. Orientam-se para si mesmas e são capazes de reagir ao ambiente de maneira saudável e inovadora. Reconhecemos esses indivíduos pela simpatia, pela imaginação e pela integridade. Parece que a cada década reinventam a si mesmos e à vida. Não temem a crise porque vivem seus sonhos, percebem que quaisquer dificuldades encontradas levam a bem-sucedidos recomeços.

Todos resistimos às mudanças da vida à nossa própria maneira. Por mais autêntica que seja a vida, às vezes resistimos à mudança. Qual é o seu tipo de resistência? Tenho meus modos habituais de resistir às mudanças; você também. Há os que reagem com denegação; outros, com medo ou raiva; outros, ficam anestesiados e nada fazem, ou agem de maneira frenética e ineficaz.

Conhecer os modos de reagir e de resistir à mudança é essencial. Quando conhecemos nossas tendências relativas às mudanças, começamos a prever e evitar as ciladas previsíveis a que estamos predispostos.

Para ser eficaz no trato com a mudança é preciso realizar um processo predeterminado, ritualizado. Ter o processo organizado em etapas, como faço neste livro, permitirá que você supere a resistência à mudança, por mais que procure evitá-la.

Minha irmã gosta de dizer que todos temos o nosso Everest a escalar, mas para cada um de nós é uma montanha diferente. Quando a crise chega, cada um tropeça em sua própria fraqueza e é assombrado por sua própria versão de sofrimento.

A crise costuma revelar nossas reações condicionadas em grau elevado. Se você é propenso ao pânico, seu medo se torna desorganizador. Se você tem propensão à ira, sua raiva se torna alienante. É importante saber como você tende a reagir à crise para poder atender a si mesmo e às suas necessidades de maneiras específicas e objetivas. Agora mesmo você não tem reservas extras para permitir erros consigo mesmo ou com a segurança do mundo à sua volta.

Identificar seu tipo pode ajudá-lo a permanecer no caminho para a força.

Exercício: Encher a mala

Existe um jogo da memória infantil clássico nos países de língua inglesa — que os adultos também jogam —, que é assim: O primeiro jogador completa a frase "Enchi a mala da vovó e nela eu botei..."

Então, por exemplo, o primeiro jogador pode dizer: "Enchi a mala da vovó e nela eu botei uma maçã." O jogador seguinte repete a frase e acrescenta mais um objeto à lista, como, por exemplo: "Enchi a mala da vovó e nela eu botei uma maçã e um urso." E assim por diante.

Quando a lista cresce, os jogadores têm cada vez mais dificuldade para recitar todos os itens. A primeira pessoa a esquecer alguma coisa perde o jogo, e se inicia, então, uma nova rodada.

Vamos jogar nossa própria variante desse jogo. Encha a *sua* mala — o que pretende levar consigo para a próxima vida?

Ao fazer um levantamento do que tem, talvez você descubra que muitos dos objetos da mala foram postos lá por outra pessoa ou por situações que não existem mais. Quer mesmo ficar com a casa enorme que lhe consome todo o dinheiro, agora que seus filhos já se mudaram? Quer mesmo enfiar na mala o fato de ser o único provedor da família, ou sempre ter uma namorada, ou ser a pessoa que ajuda a resolver os problemas de todos? Você pode enfiar na mala todas as coisas, situações ou modos de ser.

Só pode pôr na mala o que você realmente tem. Não pode pôr algo que perdeu. Contudo, enquanto se exercita com este livro, pode acrescentar coisas à mala. Examine-a com regularidade para ver se pode tirar algo ou se, durante o processo de mudança, adquiriu algo novo que queira levar consigo.

Se puder, registre este exercício no papel e volte a fazê-lo sempre que precisar reorganizar a vida. O rito de fazer este exercício ajuda o intelecto e o subconsciente a ver e usar com eficiência os recursos que tem neste momento.

Há quatro tipos elementares de reação às mudanças drásticas da nossa vida. O questionário a seguir ajudará a identificar seu tipo ou tipo de reação. Quando identificar como costuma reagir à mudança poderá aplicar minhas sugestões para o trato com cada tipo.

Não tenha pressa e seja sincero. Talvez seja útil pedir a opinião externa de um bom amigo — principalmente se o seu tipo for denegação!

Como identificar seu tipo de reação às mudanças

Marque as afirmativas a seguir que se apliquem a você. Talvez você descubra que exibe características de mais de um tipo, mas vai identificar-se mais com um conjunto principal de sentimentos e comportamentos.

Depressão

- Tem dificuldade para ter prazer com coisas de que costumava gostar.
- Você se isola.
- Surpreende-se pensando repetidamente em problemas ou dificuldades.
- Anda mais cansado do que o normal. Acha difícil realizar as tarefas cotidianas.
- Perdeu o interesse por zelar pela aparência.
- Chora freqüente e incontrolavelmente.
- Quer que o mundo vá embora.

Ansiedade

- Sua memória anda fraca.

- Suas reações são frenéticas, impulsivas e ineficazes.
- Tem a sensação de que nada pode esperar.
- Costuma repetir-se com freqüência.
- Tem dificuldade para dormir ou acorda no meio da noite.
- Tem necessidade insaciável de afirmação.
- Seus hábitos alimentares mudaram de maneira significativa. Come muito pouco ou demais.
- Acha que vai saltar da sua pele.

Raiva

- Se for mulher, acha que está sofrendo de eterna TPM. Se for homem, vive reprimindo reações físicas contra os outros.
- Acha que reage mal ou explode com mais freqüência.
- Costuma ficar estressado e comportar-se com raiva no trânsito.
- Sente necessidade de reagir a cada irritação.
- Surpreende-se fantasiando vinganças ou outros tipos de atos violentos.
- Fere a si mesmo ou aos outros.
- Acha que todos na sua vida o decepcionam.

Denegação

- Está se tornando o super-homem ou a supermulher no trabalho ou em casa.
- Rejeita as ofertas de ajuda ou solidariedade que lhe oferecem.

- Mantém as emoções reprimidas, raramente perde a paciência, nunca chora nem grita.
- Não se permite nunca pensar na crise.
- Vira-se pelo avesso para que os outros não pensem que você é vulnerável.
- Acha que não tem acesso aos escapes criativos, como pintar, escrever, cantar ou fantasiar.
- Evita pessoas que interpretem sua situação de outra maneira, principalmente velhos amigos.

Conforme eu disse antes, talvez você encontre em você aspectos dos quatro tipos, mas um deles deve ser predominante. Talvez você seja do tipo precipitado, que é seu primeiro tipo de reação ao lidar com um estresse esmagador. Embora sob estresse você talvez recaia no seu principal tipo de reação, haverá momentos dos quatro tipos.

Agora que identificou como costuma reagir à mudança e à crise, as seguintes recomendações, quando seguidas com regularidade, pegarão a energia destruidora da crise e a canalizarão rumo ao que você quer criar na vida.

Compreender as reações do deprimido

O deprimido sempre se sentiu indefeso na infância. Por mais que se esforçasse, essa criança não conseguia alterar as dificuldades do ambiente; e o pior é que tinha conhecimentos suficientes para conscientizar-se dessa futilidade.

Se o seu tipo de reação é a depressão, é bem provável que, quando precisa entrar em ação, sua energia o abandone, deixando-o incapaz de reagir às exigências da vida. Talvez tenha ganhado este livro de presente. Gostaria de ter o livro em áudio, pois não está interessado em ler nada, muito menos o que eu tenho a dizer. Você acha que seu esforço não dá em nada e, mesmo que viesse a ter algum resultado, não tem energia para tanto. É provável que você tenha dificuldade para imaginar uma vida em que você fosse feliz. Nada, nem mesmo seu futuro, lhe desperta muito interesse.

Neste momento, você precisa dar passos minúsculos para apoiar-se a si mesmo. Não procure seguir todas as sugestões de uma vez só. Você está onde está agora. Experimente as sugestões que lhe forem mais fáceis.

Ponha o telefone perto do sofá e ligue para qualquer pessoa conhecida que possa lhe oferecer qualquer tipo de apoio neste momento. Melhor ainda: peça a um amigo que faça esses telefonemas. O apoio consiste em trazer comida, ajudá-lo no trabalho, cuidar da sua correspondência e de seus pagamentos, recolhendo informações sobre recursos que possam ajudá-lo nesta situação.

Sua função é gerar mais conforto para si mesmo. Precisa manter-se concentrado no que pode fazer agora. Não se desvie para o passado nem para o futuro. Você não tem agora a objetividade necessária para que isso seja uma experiência que o console. Na depressão, seu sistema físico precisa de sono, descanso e nutrição apropriados. Siga uma rotina diária que seja confortável. Vá trabalhar, faça refeições e mantenha hábitos e atividades positivas. Até um pouquinho de exercícios, talvez dançar uma música que esteja tocando no rádio, é muito útil para tirar seu organismo da depressão. Alterar o ambiente pode tirá-lo de uma rotina depressiva. Se puder, saia de férias, faça uma massagem ou visite um amigo que o faça rir.

A depressão não define ninguém. A voz da depressão quase sempre parece razoável. Ela pode dizer que você está vendo a realidade pela primeira vez, ou que você é simplesmente assim e que vai sentir-se assim para sempre, faça o que fizer. É a voz do desespero. Se tratar os sintomas da depressão, você se habilitará a seguir em frente, rumo à nova vida.

Se o seu tipo de reação é a depressão, seu dote é a profundidade. Quando resolver a depressão, a profundidade permanecerá.

Compreender as reações do ansioso

O ansioso sentia-se esmagado na infância. Aconteciam muitas coisas às quais essa criança tinha de reagir, mas ela estava sempre em guarda para resolver problemas que era jovem demais para resolver.

Se o seu tipo de reação é a ansiedade, é provável que você sinta dificuldade para se concentrar nesta página. Está alerta física e psicologicamente para a ocorrência do próximo golpe. Talvez tenha os mesmos pensamentos repetidamente. Pode estar com dificuldade para comer, ou estar comendo compulsivamente. Talvez esteja com um comportamento compulsivo: falando sem pensar, comprando o que não quer ou, temerariamente, recusando-se a comprar coisas de que precise mesmo. Talvez faça telefonemas no meio da noite à procura de alguém que o entenda ou ajude a tomar uma atitude. Pode ser que o seu corpo esteja tenso demais, o que o deixa desconfortável até quando dorme. Não consegue parar de pensar, mas seus pensamentos não trazem resolução nem alívio. Talvez esteja com a pulsação rápida quando vai para a cama ou quando acorda de manhã. Pode achar que está desorganizado e tendo brancos em situações que antes eram quase automáticas para você.

Sua tarefa é realizar atividades que reduzam sua ansiedade um pouquinho a cada dia. Procure atividades que consumam energia: brinque com seu filho, faça amor com seu cônjuge, faça uma caminhada rápida ou uma aula de aeróbica. Se conseguir ficar parado o suficiente para receber uma massagem, faça uma bem completa, que combata o estresse das manias que a ansiedade criou. Simplifique sua rotina cotidiana. Faça uma lista para acompanhar o seu dia. Afixe lembretes para respirar profundamente. Berre sua música predileta até ficar exausto. Quando sentir que o corpo se enrijeceu e os pensamentos estão circulares, interrompa o processo, desviando o foco para uma atividade. Procure lugares onde possa perder-se na atividade que estiver exercendo. Leia. Esqueça da vida diante da televisão. Vá andar de bicicleta com os amigos.

Este não é o momento de pensar a sério porque você estará com a tendência de imaginar resultados péssimos, as piores situações possíveis, o que, naturalmente, aumentará mais a ansiedade. Evite estimulantes, inclusive café e chá. Faça as refeições nas horas certas. Não permita que a ansiedade o congele na inatividade e no pânico. Quando estiver prestes a tomar uma atitude impulsiva, interprete-a do ponto de vista da outra pessoa. Você gostaria de ser acordado à meia-noite ou ser lembrado de fazer algo cinco vezes em duas horas? Ao contrário de quem está deprimido, você está com energia excessiva e ela precisa de escape. Mergulhe no trabalho. Faça ginástica. Realize projetos criativos. Procure apoio para lidar com as situações que o deixam ansioso. A fuga aumenta a ansiedade. Canalize essa energia ansiosa na direção de algo satisfatório e produtivo. Esta pode ser sua oportunidade para pintar todos os cômodos da casa. Quando a ansiedade estiver sob controle, você verá que o obstáculo que agora parece intransponível é muito mais fácil de superar.

Se o seu tipo de reação for a ansiedade, seu dote é a percepção. Quando tiver acalmado a ansiedade, sua acuidade e sua perspicácia permanecerão.

Compreender as reações do colérico

Aquele que reage com ira sentia-se impotente na infância. Foi uma criança maltratada ou lhe negavam proteção. As sensações e os acontecimentos dos anos de formação dessa criança eram assustadores de algum modo intrínseco.

Se o seu tipo de reação é a ira, ficará com raiva de pelo menos uma das coisas que vou dizer antes do final deste parágrafo. Expressar a raiva *não* melhora a situação. Raiva gera raiva, e quando expressa a raiva enquanto ainda está quente, você a abastece com combustível, bioquímica e intelectualmente. O sentimento vai encontrar razão para justificar a própria existência. Se o seu tipo é o da raiva, convém acalmar a fera, em vez de irritá-la.

A raiva pode complicar os relacionamentos e afastar quem o apóia quando você mais precisar. Procure uma válvula de escape para a raiva. Experimente praticar esportes, escrever, socar um travesseiro. Identifique os gatilhos que inflamam a raiva e aprenda a trocar de reação. Se certas pessoas o deixam furioso, deixe de falar com elas. Se, a caminho do trabalho, passar pelo prédio onde morava com o seu ex-marido, vá por outro caminho.

Não engarrafe a ira. Extravase-a de um modo que não machuque ninguém. Caso se sinta explosivo, afaste-se da situação. Aprenda a reconhecer os primeiros sinais da raiva para interromper o processo antes que tome conta de você. Xingue no chuveiro; faça desenhos; corra oito quilômetros. Use a fantasia para recriar a raiva — inclusive as situações —, mas altere as suas reações habituais e os resultados previsíveis. Cultive fantasias positivas.

Pare de fazer acusações. Finja que a culpa é mesmo toda sua e que só você pode remediar a situação. Use a criatividade como jamais usou: na arte, na dança ou na culinária. Essas válvulas de escape são instrumentos para expressar os sentimentos de maneira eficaz e curativa.

Se o seu tipo de reação é a raiva, seu dote é a paixão. Quando não estiver usando a raiva, sua paixão permanecerá.

Compreender as reações de quem denega

A criança que reagia com denegação tinha informações ou intrusões demais a processar e não conseguia entender bem. Essa criança descobria formas de escapar por meio de atividades e do domínio de coisas que conseguia dominar.

Se o seu tipo de reação é a denegação, talvez esteja lendo este livro para ajudar uma outra pessoa. Tudo está bem com você, mesmo que as coisas essenciais para outra pessoa — um relacionamento, tempo livre, prazer — não façam parte da sua vida, certo? Você mantém seus sentimentos e suas reações sob um controle tão rígido que não os conhece mais. Tem certa impressão de que não há relacionamentos íntimos nem comunicação na sua vida, mas está ocupado demais para pensar no assunto.

Saberá que é do tipo que denega se aconteceu algo em sua vida que arrasaria qualquer outra pessoa, mas nem o abalou. Não pensa no assunto nem lamenta a perda: você simplesmente segue em frente. Não sentir a dor da crise pode parecer maravilhoso, mas, para seguir em frente, você precisa manter as pessoas, os acontecimentos e até os próprios sentimentos a tanta distância que o seu mundo se torna um local solitário.

Sua tarefa é experimentar todos os seus sentimentos e reconhecer plena e seguramente os acontecimentos. Estruture períodos do dia em que possa vislumbrar os sentimentos. Chore no cinema, ouça uma música que o faça lembrar-se da perda, tente ampliar o âmbito das suas emoções procurando conviver com pessoas que despertem uma parte emocional em você que em geral não sinta. (Quem são essas pessoas? É possível que sejam precisamente aquelas que você anda evitando.)

Procure a criança que há dentro de você, que era incapaz de usar a denegação; ouça o que ela precisa e o que ela tem a dizer. Ouça outras pessoas, em especial as que passaram pelo mesmo tipo de crise ou sofrimento. Saiba que o sofrimento não dura para sempre e que a dor que você não sente bloqueia junto com ela muitas outras emoções satisfatórias e alegres. Saiba que a maioria das pessoas quer conhecer você, não julgar você. É possível que tenham tido sofrimentos semelhantes na vida. Saiba que, quando puder sentir quem você é, vai se apaixonar por si mesmo.

Se o seu tipo de reação é a denegação, seu dote é a competência. Quando trabalhar sua denegação, a competência permanecerá.

Quando administra seu tipo de reação, você dá um passo gigantesco rumo ao domínio de qualquer situação. Seu tipo de reação provém de uma vida inteira de repetições. Se alguma dessas situações persistir, talvez seja útil consultar um médico ou outro profissional qualificado.

Muitos acham que os medicamentos são muletas. Por outro lado, algumas das nossas reações são biológicas — geneticamente padronizadas no corpo e no cérebro, principalmente sob pressão. Às vezes, a intervenção farmacêutica rompe o padrão o suficiente para ajudá-lo a controlar as dificuldades com que se depara.

Recomendei técnicas comportamentais que devem ser úteis e, se usadas regularmente, também vão reestruturar o modo como o cérebro e o corpo reagem ao estresse. Assim como em toda a vida, o apoio da família, dos amigos e da comunidade o ajudará a fazer as mudanças necessárias para passar ao próximo nível da sua evolução.

Uma vez dominado o seu tipo de reação, você já terá considerável domínio sobre si mesmo.

- Se for do tipo ansioso, saberá que domina o seu tipo quando sentir períodos de denegação. A denegação concede tempo ao tipo ansioso para se organizar e resistir.
- Se for do tipo raivoso, saberá que domina o seu tipo quando sentir períodos de depressão. A depressão faz com que o tipo raivoso pare de ser impulsivo e processe a situação de maneira mais profunda.
- Se for do tipo que reage com denegação, saberá que domina o seu tipo quando sentir ansiedade. A ansiedade obriga o tipo denegador a enfrentar os sentimentos

e os conflitos da situação, gerando melhores decisões e a oportunidade de integração.

- Se for do tipo deprimido, saberá que domina o seu tipo quando for impelido a sentir raiva. A raiva permite que os tipos que reagem com depressão se mobilizem e gerem energia para fora, não para dentro.

Para defender-se contra o movimento progressivo da cura — e existe uma forte tendência de permanecer no tipo —, talvez você tenha as seguintes reações:

- Os tipos que reagem com ansiedade defendem-se contra o desamparo da depressão.
- Os tipos que reagem com denegação defendem-se contra o sofrimento da raiva.
- Os tipos que reagem com raiva defendem-se contra o desamparo da ansiedade.
- Os tipos que reagem com depressão defendem-se contra o discernimento e as exigências da denegação.

Seu tipo o mantém isolado, ilhado e estagnado. Quando domina o seu tipo, você permite que o tempo realize suas milagrosas façanhas de cura.

O tempo reduz o impacto da crise inicial; dá a oportunidade de explorar diversas opções; permite que a personalidade e a apresentação se adaptem às novas circunstâncias; permite que os atos e o processo decisório se adaptem às novas circunstâncias; permite que você tenha sonhos, desejos e metas novos e apropriados; permite-lhe ver o mundo de uma perspectiva nova, que revele novas oportunidades.

Se você for do tipo que reage com ansiedade e o tempo não estiver trabalhando em seu benefício, pare de interferir e controlar e deixe o tempo agir por conta própria. Se você for do tipo que reage com raiva e o tempo não estiver trabalhando em seu benefício, pare de cutucar suas feridas e deixe o tempo cicatrizá-las. Se você for do tipo que reage com depressão e o tempo não estiver trabalhando em seu benefício, será porque você está tão perdido na inatividade e isolamento que não reage às oportunidades que o tempo apresenta nem permite a evolução do ego que o tempo proporciona. Se você for do tipo que reage com denegação e lhe faltem os benefícios do tempo, será porque está sabotando as opções porque nega o reconhecimento da mudança e, por conseguinte, perde as possibilidades que acontecem.

- Se for do tipo que reage com denegação, é bem possível que nunca veja a crise a caminho.
- Se for do tipo que reage com raiva, é provável que crie a maior parte das crises desestabilizando situações por meio da raiva.
- Se você for do tipo que reage com ansiedade, está tão ocupado resolvendo problemas que não existem nem têm importância que as situações reais da vida atingem proporções de crise.
- Se você for do tipo que reage com depressão, é provável que deixe seus problemas se empilharem, fugindo de atividades apropriadas quando sabe o que fazer, até que as situações cheguem mesmo ao ponto de crise.

Você tem opção. Os tipos deprimidos podem dirigir sua compreensão profunda a pessoas e situações ao redor e conquistar apoio para a ação. Os tipos denegadores podem lidar de maneira eficiente e eficaz com a realidade quando se permitem vê-la. Os tipos ansiosos podem usar o discernimento para escolher em que se concentrar e quando agir. Os tipos raivosos podem usar a paixão para criar e dedicar-se a novos modos de ser.

Não se esqueça de que cada tipo de reação tem um dom exclusivo que pode gerar a verdadeira importância, alegria e êxito na sua nova vida. O mais importante benefício de trabalhar com o seu tipo é a capacidade de alcançar a eficiência.

Falarei mais sobre esses tipos de reação no decorrer de todo o livro, em especial no Capítulo 11, no qual vou discorrer sobre como reconhecer esses tipos de reação em outras pessoas que estejam passando por uma crise. Às vezes, ajudar os outros em crise nos ajuda a reconhecer como nós mesmos lidamos com as perdas na nossa vida.

5

Um mundo inteiramente novo: seus primeiros passos

Aceite quem você é

Quanto mais depressa você lidar com seu novo conjunto de realidades, mais rapidamente se mudará para um lugar de força e ação. O local onde está agora pode não lhe parecer bom, mas você precisa lidar com o que é real e com o que resta para você trabalhar. Talvez tenha boas surpresas. Talvez suas esperanças de "se isso ao menos acontecesse" se realizem. Por ora, contudo, você só pode trabalhar com o que existe neste momento.

Mesmo que pudesse voltar à sua vida antiga, quando estava no auge, não seria igual. *Você* mudou. Quem teve uma infância maravilhosa, ou obteve um excelente desempenho escolar, ou era muito bonito na juventude, sempre pensa: "Se eu pudesse voltar atrás..."

Quem viveu aquela vida não existe mais. É impossível voltar; se você seguir em frente, com orientação consciente, não vai querer voltar.

A vida que foi conscientemente vivida gera situação ideal para cada etapa do desenvolvimento. É comum surgir uma crise exatamente porque o inconsciente e a intuição sabem que é preciso crescer para viver emocional e espiritualmente, mas você não consegue desapegar-se.

Não se flagele. Somos biologicamente programados para evitar a mudança. Qualquer animal entra em estado de alerta imediatamente quando aparece qualquer mudança no ambiente. Ainda bem que somos mais que um cérebro inconsciente, instintivo. Temos a capacidade de dirigir nossa vida.

Você precisa aceitar quem é e onde está neste momento. Pode não ser onde você quer estar. O seu maior medo talvez seja continuar a ser essa pessoa, encalhada na atual realidade. A fim de ter tração suficiente para seguir em frente, porém, você precisa estar com os pneus bem firmes na terra. Não esqueça que você tem o poder de se conduzir *aonde* precisa ir — mesmo que ainda não saiba onde é.

A sua tarefa neste momento não é a onisciência, porém simplesmente pôr um pé à frente do outro e caminhar.

Uma das vantagens da crise verdadeira, avassaladora, é a dificuldade de apegar-se a um modo extinto de ser. Porém, a crise raramente acontece em proporções tão cataclísmicas. Na ausência do extermínio dos seus hábitos, você precisa aprender a evitar a estreiteza de espírito e a repetição de comportamentos inúteis-porém-sedutores.

Evite conscientemente procurar velhos marcos que lhe informem onde você está. Agora você está em um novo território. Caso só se sinta calmo quando está trancado em casa, saia. Se está sempre procurando aprovação alheia, passe um dia inteiro em que você seja sua única fonte de consolo. Se costuma se reprimir até explodir, tente aumentar o ritmo das suas pulsações uma vez por hora pegando no tranco.

Os tipos que reagem com denegação têm um caminho difícil, porque raramente percebem seus padrões e, para começar, nem acreditam tê-los. Se a sua pontuação no teste indicou esse tipo, você precisa expandir a percepção do mundo ao seu redor, bem como a de si mesmo. Para começar, crie uma biblioteca de sentimentos. Junte as coisas que invocam sentimentos — arte, música, poesia, fotografia — e pare um minuto por hora para respirar e *sentir.*

As novas pessoas e sensações que entrarão na sua vida serão... bem, serão novas. É provável que você ainda não se sinta bem com as mudanças positivas e esclarecedoras que já podem ter acontecido depois que você abriu este livro. Rara é a pessoa que se sente imediatamente "à vontade" em situação nova e tendo de mudar o modo de reagir.

Lembro-me de quando conheci meu namorado atual há mais de dez anos. Eu estava fazendo todas as comparações usuais entre ele e o meu ex. Ao percorrer a lista, eu disse: "O que sinto por ele é muito diferente. Nosso relacionamento não é aquilo com que estou acostumada." Uma amiga me lançou um olhar de incredulidade do tipo "Quando foi sua lobotomia?" e disse: "Ah, isso é *muito bom!*"

Aplique primeiros socorros à sua vida

Se estiver em crise neste momento, faça o seguinte: quando estiver do outro lado dessa crise, poderá ler o resto deste livro para evitar a volta a essa situação. Aja como se tivesse poder nessa situação, mesmo achando que não é verdade agora, fazendo o que enumero na lista a seguir. Entrarei em detalhes a esse respeito adiante, ainda neste capítulo. Por ora, saiba que esta é sua nova lista de afazeres. É nisto, e só nisto, que sua atenção precisa concentrar-se.

- Concentre-se no presente. Seu único poder está no presente. Não é possível alterar o passado, e é perda de tempo estender a crise até um futuro que ainda não chegou. Permaneça concentrado no presente.
- Dê um nome à sua crise. Toda crise tem uma comunidade. Esteja aberto para a ajuda de pessoas que já passaram por crises semelhantes e têm dados, recursos e força coletiva para ajudá-lo.
- Tenha um objetivo, mesmo que mínimo. Você precisa de uma direção que o afaste da crise. Permita que esse objetivo mude quando estiver fortalecido.
- Saiba quem você precisa ser nessa crise. O que precisa saber, quais providências tomar para conduzi-lo à segurança?
- Use a intuição para levá-lo na direção certa, mesmo quando não tenha consciência de qual é a direção certa.
- Preste atenção em como geralmente reage às crises e use as ferramentas do Capítulo 4 para agir de outra maneira da próxima vez.
- Use o período de sono para processar a crise e se ancorar em soluções. Anote seus problemas antes de dormir para poder usar esse período para se organizar e se integrar.
- Identifique uma comunidade que possa lhe dar apoio durante essa crise; procure orientadores que o ajudem.

- Não importa como se sinta agora, saiba que esse capítulo da sua vida também vai acabar e que você pode escolher o próximo capítulo.
- Lembre-se de todas as vezes em que navegou a crise com êxito (se ainda está vivo, é claro que o fez) e garanta a si mesmo que pode fazê-lo de novo.

Comece agora mesmo a fazer as coisas que estão na sua lista de sobrevivência. Por menores que sejam, as adaptações sadias ao seu novo eu e ao seu novo mundo crescerão no solo fértil do seu futuro.

Vamos nos aprofundar nessas etapas no decorrer deste capítulo. Por ora, analisemos a história de Harry.

Certo dia a ex-mulher de Harry apareceu em São Francisco com Ellie, a filha do casal, que estava com 4 anos, e uma mala; e disse que precisava de um tempo sozinha. O casal se separara quando a filha estava com 8 meses. Harry mudou-se para São Francisco e, embora fizesse duas viagens por ano para visitar a filha em Boston, nunca passara mais que algumas horas sozinho com ela. A ex lhe disse que telefonaria alguns dias depois e deixaria um número. Harry ficou furioso e os dois discutiram aos berros até que ela foi embora, mãe e filha se abraçando para se despedir chorando. Normalmente, Harry daria socos na parede e sairia para se embebedar. O que ele fez nas 24 horas seguintes surpreendeu-o e a todos que o conheciam.

Harry estava namorando uma mulher de quem gostava muito e telefonou para ela a fim de pedir conselhos. Ela comunicou com clareza que não queria se envolver com uma criança nem com ele enquanto não resolvesse a situação. A filha estava sentada no sofá do pequeno apartamento dele e não se mexera desde que a mãe saiu. Ele se aproximou, sentou-se ao lado dela e numa poça de urina que se espalhara sob ela. No espaço de uma hora, ele ganhou uma filha, perdeu a namorada e aterrissou em um mundo totalmente novo. Ele nem sabia se crianças de 4 anos trocavam de roupa sozinhas ou se ele precisava fazer isso. Olhou para a filha e disse: "Isso sempre acontece comigo." Ela abriu o berreiro e ele a pegou no colo, molhada e trêmula, até que ela adormecesse.

Tirou-lhe a roupa molhada, enrolou-a num cobertor macio e a pôs na cama dele. Em seguida, enviou e-mails a todas as pessoas em quem confiava, pedindo ajuda. Sempre que entrava em pânico ou sentia a raiva crescer — o que, segundo ele, acontecia a cada poucos minutos —, lia um e-mail e seguia mais uma sugestão. Certa mãe sugeriu que ele desfizesse a mala da menina e criasse imediatamente um cantinho só dela. Alguém lhe informou sobre um clube social só de pais solteiros. Outra pessoa enviou informações sobre um grupo de apoio a pais solteiros. Ellie acordou às 5 horas da manhã. Com apenas três horas de sono, ele estava irritado e se sentindo desamparado. Esqueceu-se de telefonar para o escritório, emprego recentemente conseguido, após alguns meses magros.

O supervisor ligou e Harry disse que estava doente, mas ele não acreditou, então Harry ligou novamente para falar a verdade, porém ele não estava interessado em ouvir a história. Harry sabia que não podia perder o emprego, então ligou para uma amiga que tinha uma filha mais ou menos da mesma idade e pediu que servisse de babá.

Tomou banho, foi trabalhar, avisou ao supervisor que tinha resolvido o problema e que não aconteceria de novo (sem lhe dizer o que pensava dele) e simplesmente não se deu ao luxo de ser demitido. Depois do trabalho, foi buscar a filha, criou uma lista de afazeres, pediu entrega de comida em casa e ambos foram para a cama antes das 21 horas. Quando pôs a cabeça no travesseiro, estava com tanta raiva que não conseguiu dormir. Levantou-se, então, fez cinqüenta flexões de braços, tomou banho, leu mais alguns e-mails com ofertas de ajuda, olhou para a linda filha adormecida, realmente dele pela primeira vez na vida, e foi dormir. Quando acordou de manhã, pensou: "Sou pai. Sei fazer isso. Se fiz ontem, posso fazer hoje."

Em outras palavras, pôs um pé na frente do outro e começou a seguir em frente.

Analisar a situação

Estou seguro? Inteiro? Tem alguém aí?

Se estiver em crise, precisa tratar destas perguntas imediatamente. Pode não conseguir respondê-las, mas vai tomar o rumo da segurança.

Quando seu ego e seu mundo estão tumultuados, a confusão é inevitável. Se procurar velhas ferramentas, comportamentos, estruturas de vida, contudo, terá dificuldade para sobreviver no território novo. Precisa adaptar-se à nova ordem e descobrir o que precisa cultivar, de maneiras novas.

O mundo é desconhecido para você, e você é desconhecido para si mesmo. Perdeu ou teve de abandonar muitas das ferramentas, dos apoios e de outras seguranças que tinha antes de começar a surgir seu novo eu.

A assimilação é um processo contínuo, protege mesmo quando não estamos em um momento inicial. Depois de iniciar o processo de gerar segurança no seu ambiente, você pode começar a aprender quem é — o você desse momento. Você não precisa da resposta longa a essa pergunta agora. Só precisa da forma curta: o suficiente para voltar a funcionar com eficiência.

A segurança em primeiro lugar

Embora possa não se sentir bem agora, você precisa agir como se fosse seu próprio pai. As necessidades essenciais como alimentação, abrigo, apoio, expressão e conforto precisam ser simplificadas e supridas para que você possa mudar-se com segurança para o novo mundo.

O que é segurança? Os requisitos elementares e mínimos para a proteção da vida constituem segurança. Se estiver ansioso demais para funcionar com eficiência por conta própria, procure ajuda. Obter segurança pode exigir exercícios físicos, medicamentos, talvez até consultar um psiquiatra. Se estiver em uma situação em que sofra abusos físicos ou mentais, segurança talvez signifique afastar-se, procurar uma casa segura. Se estiver em uma situação em que esteja sofrendo danos, ou seja possível sofrer danos de outra maneira — ameaça ao emprego, divórcio iminente, problema físico —, pode ser preciso procurar pessoas ou instituições que possam dar-lhe apoio.

Há muitos tipos de ajuda por aí. É só quando precisamos durante uma crise que procuramos esses recursos.

Não deixe o trabalho de lado

O ato mais corajoso que qualquer pessoa pode realizar é cuidar das tarefas cotidianas, às vezes monótonas, da vida. Isso requer disciplina, constância, adiamento do prazer e a fé de que tudo vale a pena. Os fantásticos saltos do risco da paixão nos oferecem compensação instantânea. Os pequenos passos, repletos de fé, da manutenção diária do ego, do relacionamento, da comunidade, do amor, dos ensinamentos, às vezes exigem enorme disciplina e generosidade.

A vida requer coisas elementares de cada um de nós. Podemos passar por cima delas, porém pagando um preço altíssimo. É preciso manter um ritmo diário de alegria e sacrifício para que a vida seja completa. Algumas dessas coisas parecem sem sentido: guardar recibos, comer bem, fazer o dever de casa, escovar os dentes, ser simpático com os vizinhos, fazer ginástica.

O simples ato de realizar esses ritos, dia após dia, década após década, dá ritmo à nossa vida. Quando você honra esse ritmo, a crise pode abalá-lo, mas você não cai. Pode passar um período em crise, mas seguir esse ritmo o levará a uma situação melhor. Algo tão simples é o ato mais difícil de todos. Mais importante que ideais profundos, ou realizações, ou momentos marcantes de sorte, é a capacidade de elevar os atos mundanos da existência a seu lugar adequado de atos supremos da criação.

Se a única coisa que consegue fazer em certos momentos é manter esse ritmo, ou redescobri-lo, se a sua vida está tão traumatizada que se perdeu temporariamente, você vai perseverar e, na perseverança, triunfará. Esse controle o impedirá de deixar as lombadas se tornarem montanhas e os vales se tornarem vórtices. Tratará da realidade conforme ocorrer, e os que estiverem no mesmo ritmo que você representarão uma comunidade apropriada e potente que o conduzirá ao amanhã.

Exercício: Sair do casulo

Sua primeira tarefa é fazer uma lista de todas as pessoas, instituições, atividades, comportamentos e forças em que pode confiar. Se estiver doente, talvez precise procurar um médico em quem possa confiar e uma assistente social para ajudá-lo a obter os serviços de que precisa. Se estiver correndo riscos físicos, trate primeiro do corpo. Procure abrigo. Procure assistência jurídica. Visite um amigo. Coma. Tome um banho de banheira. Mexa-se — mesmo que seja só para dar uma volta ao redor do prédio.

Depois, faça uma lista de pessoas que o amem e procure por elas. O isolamento é inimigo da sobrevivência. Não se prive da energia e dos recursos que podem ajudá-lo no perigoso processo por que está passando. Quando procurar alguns dos recursos contidos na sua lista, ela crescerá. Contatos geram contatos.

Para encontrar ajuda de outras pessoas, dê um nome à sua crise

Quase sempre é possível identificar seu novo grupo (e não se esqueça de que você pode estar só de passagem) pelo nome. Alcoólicos Anônimos. Mulheres passando pelo divórcio. Desempregados. Pais novatos. Pais de filhos adultos que já saíram de casa. Pacientes com câncer.

Se tiver um nome de transição difícil como "Mulheres que deixaram de amar o marido e não sabem o que fazer" ou "Pessoas que a vida esqueceu", seu trabalho contínuo rumo ao seu objetivo acabará levando a um nome. Você também pode convidar os amigos para participar desse exercício com você. A infelicidade adora companhia. Até eu, que entro numa caverna em reação inicial a qualquer crise, posso ser atraída para fora por alguns amigos íntimos, para quem não preciso escovar o cabelo, que já me viram em meus momentos ruins.

Pode parecer que você jamais sairá de alguns dos grupos, como, por exemplo, o de pessoas com doenças crônicas ou de pessoas que esperaram demais para ter um filho. Acredite se quiser: a crise não é permanente. Mesmo quando enfrenta uma doença ou uma perda, ou algo em que você acredite defini-lo para sempre, vai mudar de foco quando aprender a administrar a crise e renascer na nova vida.

Quando está em crise, você é um estranho, numa terra estranha. Não sabe onde está quem o apóia; seus ritos e sistemas não toleram mudanças e, não obstante, é à mudança que você precisa reagir. Na infância, precisava muito de orientadores. Havia seus pais, seus professores, seus médicos, até os policiais, caso você se perdesse na rua. Escolhia certos orientadores porque tinham um estilo ou profissão que você admirava e esperava imitar.

Você é uma *criança* nessa transição, e pode escolher quem vai ser quando "crescer" nessa nova vida. Precisa encontrar alguém que conheça o território. Pode ser um livro, uma pessoa, um grupo, uma instituição, um membro da família ou atividade que o incentive a seguir em frente.

A comunidade nos ampara quando estamos com problemas. Ela também nos permite admirar nossa força ao oferecer essa mesma força a quem precisa. O pulso da comunidade é a extensão do cotidiano, e participar de uma comunidade nos traz força, consciência e recursos para sair e nos espalhar pelo mundo. Por meio da comunidade criamos o amanhã todos os dias, ao compartilhar a força que delega poder às nossas próprias criações do ego.

Quando criancinhas entram em crise, os especialistas nos incentivam a lhes dar similaridades de pessoas, lugares e coisas, para ancorá-las totalmente no poder do próprio ser e na segurança de um ambiente conhecido. Na crise, quando nossos construtos "adultos" falham, nosso ego infantil original, essencial, precisa de amparo. Os olhos e braços compassivos daqueles que nos amam e a sabedoria daqueles que já percorreram nossa estrada antes nos dão sentido e apoio para nossa jornada, quando não conseguimos encontrá-lo dentro de nós mesmos.

Ano passado meu filho passou uma semana fora, esquiando com o pai. Antes de viajar, pediu-me que cuidasse de um rato que ele havia salvo das presas da cobra do pai. Tenho três medos verdadeiros e básicos na vida — barata, rato e abandono — e não estava nada feliz por ter um rato em casa.

É claro que para o meu filho eu disse sim. Só exigi que ele deixasse comida e água suficientes na gaiola para que eu não tivesse de olhar para o rato nem tocar nele. A criatura chegou à nossa casa e eu mandei meu filho deixá-lo no fim do corredor, onde eu não o visse, mas pudesse ouvir para saber que estava bem.

Mais tarde, naquela noite, fui a uma festa. Voltei para casa por volta da meia-noite. Enquanto me preparava para dormir, ouvi umas fungadas no corredor. Pelo som estava claro que o rato estava com dificuldade para respirar. Liguei o computador na santa ignorância a respeito de ratos e "Googlei" *ratos*. Fiquei abismada ao descobrir que a principal causa de morte dos ratos eram infecções respiratórias.

Acordei minha veterinária imediatamente (que ainda faz visitas à meia-noite) e perguntei-lhe o que fazer. Ela me informou que os ratos eram considerados animais "exóticos", que ela não tratava.

Então ali estava eu, no meio da noite, com um rato que não conseguia respirar, era o meu maior terror e, não obstante, era o bichinho de estimação do meu filho. Relutante, liguei o chuveiro a vapor, passei um pouco de óleo de lavanda na mão e passei a noite quase inteira no chuveiro segurando o medonho rato doente. Quando amanheceu, já estávamos apaixonados.

Sobre os ratos, eu só sabia que muitos vivem nas ruas de Nova York. Naquele momento, eu queria aprender tudo sobre como ser uma boa mãe de rato. Achei informações na Internet sobre como alimentar, cruzar e me comunicar com os ratos, bem como língua de rato, humor de rato e até salas de bate-papo sobre ratos. Existia um mundo inteiro voltado para os ratos de que eu passara a fazer parte. Quem poderia imaginar?

Portanto, se você acha que não existe um mundo para ajudá-lo a atravessar sua transição, lembre-se dessa história do rato.

Assim que tiver um nome, você conseguirá encontrar comunidades e recursos de pessoas que já exploraram esse "território" antes. Um manancial de informações e de ajuda o aguarda, seja qual for sua situação. É importantíssimo estar ligado a uma comunidade para navegar bem pela mudança. Tenho uma amiga que diz: "A gente não sabe o que não sabe" — e não mesmo. Felizmente, outros sabem.

Quem tem dinheiro costuma pagar especialistas para orientá-lo nas situações. Essa dependência nem sempre é o melhor a fazer. O especialista tem um ponto de vista fundamentado em sua própria experiência. A comunidade tem um leque de experiências a compartilhar e podemos encontrar dentro dela algum caminho que nos atraia. É comum haver serviços e grupos em hospitais, serviços sociais, assistência jurídica e uma série de outras instituições para a comunidade.

Anos depois do 11 de setembro — moro a poucos quarteirões do "ponto zero" — o hospital local ainda oferece aconselhamento, ajustes quiropráticos, massagens e inúmeros outros serviços gratuitos aos habitantes. Se tiver acesso a computador, procure na Internet grupos e instituições que possam ajudar o novo você. Pode haver instituições beneficentes, boletins, salas de bate-papo, órgãos governamentais e muitas outras coisas para lhe dar as informações e o apoio de que você precisa.

E o mais importante: não se esqueça de que você domina sua capacidade de escolher quem você é e qual é o seu lugar. Seu rótulo vai mudar, e quando seguir em frente, rumo à recriação de si mesmo, você quase sempre será aquele que cria as mudanças, em vez de mudanças acontecerem em sua vida.

6

Descubra meios de se dar prazer

Espere tropeços, passos em falso e outros vexames — então dê uma chance a si mesmo

Surpreende-me o quanto tememos fazer papel de bobos e não saber o que fazer, principalmente em situações novas, ainda mais sabendo que todos sempre pisamos no próprio pé (ou no dos outros). A deselegância é algo a *aspirar* quando se entra numa vida nova. Experimentar algo novo, para o qual ainda não temos habilidade, requer coragem. Ostente a torta na cara como distintivo de honra!

Vejamos a história de Marta.

Marta era mãe solteira e profissional respeitada. Estava sempre muito bem vestida, bem como suas filhas gêmeas de 8 anos. As meninas levavam as melhores merendas quando faziam excursões e iam às melhores festas. Certo ano, Marta percebeu que não conseguiria pagar o aluguel, a escola particular das meninas, a babá e tudo mais que custeava sozinha.

Durante alguns meses, manteve a imagem, embora secretamente estivesse em pânico porque não sabia o que iria fazer. Não contou a ninguém que estava com problemas. Emagreceu.

Parou de se encontrar com as amigas. Planejava mais períodos "sozinha" com as meninas, pois não podia mais pagar as caras atividades de fim de semana de que desfrutavam antes com as coleguinhas. Marta sentia-se fracassada. E, pior que isso, fracassara com as filhas. Estava envergonhada.

Não pagou a escola em dezembro. A escola enviou-lhe a cobrança mais uma vez, para lembrar que devia pagar o próximo semestre.

Um dia, quando foi buscar as filhas, tarefa que herdara com a queda na procura de seus serviços, a diretora da escola aproximou-se dela e começaram a conversar. Impulsivamente — sendo o impulso algo raro em Marta — ela contou à diretora que estava com problemas financeiros e que talvez tivesse de tirar as meninas da escola.

A diretora olhou-a nos olhos e disse: "Esta é a escola delas e elas não vão sair daqui." Marta recebeu as fichas de matrícula para o ano seguinte com todas as informações a respeito de pagamento anuladas. Esse acontecimento a fez sentir-se mais corajosa no tocante a largar a "pessoa" que sempre fora e igualar-se às pessoas ao redor. Parou de usar os lindos conjuntos para ir buscar as crianças e deixou-se sentir confortável usando jeans. Saía para tomar café "com as madames" depois da queda e lhes contou, à sua maneira seca, inexpressiva, que seu "folheado a ouro" descascara.

Vamos avançar para o futuro. Todos adoraram a nova Marta, acessível, quase descontraída. E finalmente achavam que tinham algo a lhe oferecer. Ganhava convites para o verão, brindes de faxina de uma das mães, que tinha empregadas demais, e o mais importante foi o bando de mulheres que procuravam clientes para ela.

Antes do fim de março ela já estava reerguida e podia voltar a pagar a escola. Optou por ficar atenta para não voltar a ser a pessoa obcecada pelo trabalho e pela perfeição que perdera a cobertura de ouro e ganhara um ego.

É útil saber quais são as impressões que você deseja causar nas novas situações que enfrenta. Como quer sentir-se consigo mesmo? Como quer que os outros reajam a você? Fazer estas perguntas a si mesmo ajudará sua intuição, sua inteligência e sua percepção a orientá-lo para ser a pessoa que quiser ser a qualquer momento.

Dito isso, as surpresas sempre nos ensinam quem nos estamos tornando. Sou tímida, um pouco tensa e um tiquinho controladora. Quando precisei ir a público e dar entrevistas na televisão, fiquei apavorada. Não me ajudava nem um pouco o fato de estar entrando em uma batalha pela guarda do meu filho e que tudo o que eu dissesse poderia ser usado contra mim no tribunal. Decidi, antecipadamente, que precisava sentir-me organizada, soar racional (os intuitivos são muito estereotipados), parecer equilibrada (para o tribunal) e ser vista como uma mulher séria e normal (tribunal de novo). Fiz alguns programas assim com êxito (entediante).

Fui, então, convidada para o programa matinal transmitido em rede nacional *The View*. Tentei ser a minha "pessoa pública", mas não estava dando certo. Eu me sentia fracassar e, pior, que azar, em cadeia nacional de televisão.

Frustrada, resolvi deixar rolar. Acabei brincando, rindo, conversando com a platéia, e aquela foi uma das minhas melhores entrevistas. Eu queria me sentir competente para dar algo de valor real ao público. Acabei me sentindo simpática, verdadeira e divertida, ao mesmo tempo em que oferecia à platéia e aos telespectadores um panorama acessível da intuição.

Encontrei uma nova eu naquele dia, o ego que uma pequena crise trouxe à tona. Daquele dia em diante, passei a gostar de ser entrevistada. Você vai se surpreender com a nova pessoa que vai surgir de dentro de si e descobrir novas alegrias na vida na continuidade desse processo.

Aceite as surpresas inevitáveis como lições valiosas e repare no que fez e sentiu que foi diferente daquilo que esperava ou das experiências passadas. Isso lhe permitirá evoluir mais depressa para tornar-se o você que poderá prosperar na nova encarnação.

Poupe moeda emocional

Enquanto garante reservas emocionais suficientes, bem como outras reservas, não se prive dos pequenos prazeres. Até os menores sacrifícios do seu bem-estar, que parecem não ter importância, durante a crise, podem impedir que você passe da confusão à clareza.

Todos conhecemos gente que engorda ou emagrece muitíssimo quando a vida não vai bem. Também existem pessoas que procuram o prazer, até mesmo o destrutivo, quando algo vai mal. Existem os que param de fazer qualquer coisa relaxante ou agradável quando estão sob estresse. O que toda essa gente tem em comum, além do estresse? A perda da capacidade de administrar as necessidades sensoriais.

Uma conta corrente sensorial promove o bem-estar. Um saldo apropriado de entradas e saídas gera força. Quais são os depósitos da sua conta corrente sensorial? Qualquer coisa que dê amparo e deleite os cinco sentidos sem fazer mal, tanto na quantidade do que faz quanto naquilo que faz.

Quando você abastece demais um sentido, em geral deixa algum outro passar necessidades. Muitos comedores compulsivos têm pouca percepção da textura, do sabor e do cheiro do que comem. Quem consome álcool em excesso anestesia os sentidos e as sensibilidades na tentativa de sentir menos dor.

Como remediar isso? Principalmente durante a crise, é importante conferir se todos os sentidos são abastecidos e exercitados regularmente.

Não se esqueça também de que você tem um sexto sentido que precisa de alimento: a capacidade de perceber seu ambiente por meio do pensamento e da memória. Cultive idéias nutritivas. Procure recordações positivas, que não lhe provoquem nostalgia nem outros sofrimentos.

Exercício: Usar a memória

Neste momento, respire fundo e permita ser transportado ao passado, até uma recordação animadora. Não é preciso procurar por essa recordação, ela virá a você; a escolha será feita pela intuição, que vai escolher uma recordação para curá-lo e orientá-lo, mesmo que você não entenda como nem por que foi escolhida. Permita que a memória preencha todos os sentidos, todos os pensamentos, que todos os músculos se fundam nessa recordação consoladora.

Permita que essa recordação o transporte ao acionar outra recordação — a sensação de animação fundindo-se de uma recordação para a próxima, de um sentido, som, sensação, pensamento, sabor, cheiro, para outro.

Ao sentir o cheiro suave do consolo, permita-se reparar nas recordações que sua intuição escolheu. O que têm em comum? Quais elementos, sentimentos, lugares ou situações dessas recordações estão ao seu alcance agora? Escolha alguns elementos dessas recordações que estejam acessíveis a você na sua vida atual: uma praça especial, um cheiro, uma cor, uma pessoa. Assuma consigo mesmo o compromisso de se ligar a esse elemento de consolo de alguma maneira na vida. Deixe a nutrição do conforto permanecer com você quando abrir os olhos, procurando reparar em algo no ambiente que lhe dê consolo.

Um modo de garantir que você se abastecerá com sustento físico, emocional, espiritual e de outros tipos é criar ritos. As cerimônias — principalmente as de celebração e luto — são conceitos importantes na vida cotidiana. Os ritos marcam o progresso, sinalizam amparo na perda e permitem que nossa comunidade interior, e também a exterior, nos forneça sabedoria e apoio.

Faça da hora de dormir um momento de paz. Procure uma fita inspiradora para falar mais alto que sua voz interior, se estiver ouvindo vozes interiores destrutivas. Vá dormir sabendo qual será a primeira ação positiva que fará de manhã. Faça uma lista de coisas para que seu subconsciente trabalhe ou resolva durante o sono.

Dê um tempo para transcender as realidades mundanas da vida

> *Transcendência.* Nº 1: um estado de espírito ou existência que ultrapassa os limites da experiência material. 2: o estado de exceder, ultrapassar ou ir além dos limites usuais.

Bem vivida, a crise é um momento de trabalho verdadeiramente duro, praticamente uma maratona de transformações. Durante a crise, podemos descobrir nosso verdadeiro eu, criar novas estruturas e relacionamentos e novos modelos de expressão e interação. Enquanto fazemos isso, lamentamos a perda e torcemos os dedos do passado para que não sejamos puxados do futuro. Lidamos com antigas recordações: mágoas, sonhos, dons, amores e habilidades enterradas bem fundo dentro de nós, e as usamos e interpretamos de novas maneiras. A intuição nos orienta rumo a um mundo completamente novo e nos empurra para a frente com percepção e sincronicidade.

Embora esse processo seja energizante e inspirador, sempre é exaustivo, assustador e estranho. Em resumo, você precisa se recarregar para encontrar o caminho de volta à fonte primordial de força e amparo. Precisa procurar vivências que transcendam a "realidade mundana" do momento e o liguem à sabedoria e à unidade comum a todos nós e que lhe oferece amparo e paz.

Até nas batalhas há momentos de paz. Esses momentos nos permitem organizar, energizar e sincronizar a nós mesmos com o nosso núcleo e com o mundo que amamos, apesar da situação em que nos encontramos.

Cada um de nós descobre esses momentos puros de um modo diferente. Quando meu filho, o extrovertido, se sente acabrunhado e precisa de paz e perspectiva, mergulha na interação social e se perde na unidade da camaradagem e do espírito de comunidade.

Para mim, a introvertida, essa soltura é quase intolerável. Só consigo interagir quando tenho energia para dar; caso contrário, é uma tarefa hercúlea. Encontro meus momentos de transcendência no silêncio e na prece, ouvindo a voz do universo sussurrar no silêncio do meu ser.

Meu namorado se reabastece com as idéias de outrem, mas não obrigatoriamente na companhia de outrem, mergulhando na rede da informática, jogando xadrez na Internet ou lendo livros. Isso o tira de dentro de si mesmo e de sua própria vivência, e o transporta para um lugar de apoio e paz.

Cada um de nós se reabastece à sua própria maneira. Algumas dessas maneiras são:

- meditação e prece
- dançar e cantar
- interagir em grupo
- fazer cooper
- pesquisar novas idéias

- fazer refeições maravilhosas em companhia também maravilhosa
- dar e receber energia curativa
- fazer ou receber previsões intuitivas
- ouvir outra pessoa
- ser abraçado
- fazer parte de um rito em grupo, como, por exemplo, culto religioso, celebração ou mesmo um enterro
- fazer as tarefas domésticas (é, há quem medite assim)
- escrever poemas ou criar obras de arte

Para usar minha linguagem da transcendência: todos rezamos de maneiras diversas, mas todos precisamos rezar.

Os momentos de transcendência nos lembram que somos parte importante de algo maior que nós mesmos, algo que nos nutre, informa, transforma e transporta para um lugar onde há paz, mesmo que não haja paz nenhuma no seu mundo material. A transcendência nos conduz além dos limites comuns do ego para onde possamos sentir o entendimento de uma nova perspectiva e a cura de permitir que a energia da unidade nos transporte por algum tempo.

Esses momentos de experiência inconsciente são o ponto poroso por onde a intuição e a cura conseguem entrar. Assim como no sono, quando os músculos relaxam e recebem nutrição, e a mente consciente descansa para descarregar os circuitos, organizando o pensamento e os sentimentos, os momentos de transcendência permitem que esse processo ocorra quando estamos despertos.

Procure esses momentos. São revigorantes e necessários. Crianças em períodos naturais de crescimento rápido precisam de quantidades extraordinárias de sono para crescer bem. Durante a crise, precisamos cultivar momentos de transcendência para chegar ao próximo nível do ser com força, conhecimentos, perspectiva e integridade. A transcendência nos permite subir acima da "realidade mundana" e descansar o espírito e os sentidos da sua percepção de luta e conflito.

Uma das vantagens exclusivas da crise é que, quando se compromete com a crise, você se compromete com sua resolução. Não pode comprometer-se com o passado e seguir em frente, e não pode comprometer-se com o futuro e ainda ter energia e atenção sobrando para lidar com o presente. Quando se compromete com ser quem é neste momento, tornam-se acessíveis inúmeras ferramentas e percepções para você usar.

- Se o seu tipo for o da raiva, os momentos de transcendência podem parecer ameaçadores, e você talvez os evite para manter a intensidade dos seus ataques de ira. Não fazer isso lhe parece inseguro. Você será muito mais poderoso nas decisões e nos atos, e muito mais convincente no seu ponto de vista, com a perspectiva oriunda dos momentos de transcendência.
- Se for do tipo ansioso, talvez evite os momentos de transcendência por pensar que, se desviar o olhar do problema, será esmagado por ele. Não é possível agir a cada momento. Caso se deixe descansar, além de fazer com que o problema lhe pareça mais claro, a solução também terá a chance de encontrar um lugar entre seus pensamentos.

- Se for do tipo depressivo, talvez evite os momentos de transcendência porque eles exigem que você se desloque, pelo menos um pouquinho, do seu cantinho seguro, e isso requer um pouco de energia. Pense, porém, que os momentos de transcendência lhe darão apoio para facilitar todas as tarefas obrigatórias da vida.
- Se for do tipo denegador, talvez evite os momentos de transcendência para manter alto seu nível de atividades e evitar a revelação daquilo que o amedronta, entristece ou irrita. Pense, contudo, que os momentos de transcendência carregam consigo a sabedoria e as ferramentas para resolver o que realmente precisa de resolução para que se possa alcançar a beleza e a alegria.

A vida envolve a luta para integrar as partes quase sempre divergentes do ego com o mundo às vezes antagonista à nossa volta. A vida é a parte que precisa de vontade, coragem, determinação e ânimo. A transcendência é a dádiva da parte de nós que é maior, porém menos definida, e que nos comunica o que estamos sentindo e obtendo na luta para sermos humanos.

Nossos momentos de transcendência nos dão força e entendimento para continuar na jornada com coragem e direção. Se você não percebe seus momentos de transcendência, está perdendo a hora do recreio. Os momentos de transcendência podem ser estruturados por práticas como meditação, gratidão intencional, preces, dar e receber cura, fazer arte, escrever, brincar com uma criança ou um amigo. Qualquer coisa que dê um descanso à consciência enquanto o corpo e o subconsciente estão em segurança, dá liberdade à sua outra parte para voltar a se ligar ao todo de onde veio, e absorver a força e o saber que ali residem.

Felizmente para nós, a transcendência também surge quando não estamos seguros. Em crise, quando estamos abalados e em mutação, recebemos momentos de clareza e orientação, salvadores da vida e do ego.

É quando continuamos a respirar que crescemos. É por meio de sofrimento, alegria e tudo mais que crescemos. Sim, você prefere crescer por intermédio da alegria, mas está onde está e, neste momento, está aqui, onde quer que seja.

Na transcendência você deixa seu tipo para trás. Não reage; simplesmente é. A sabedoria dos momentos de transcendência pode ser carregada para dentro da sua vida por meio de atos fundamentados num novo entendimento. Você terá espaço e apoio para abrigar um novo modelo de realidade.

- Para o tipo ansioso, esta é a garantia de que terá mais oportunidades, de que poucos erros são fatais e que vai descobrir o que precisa no mundo, bem como dentro de si mesmo.
- Para o tipo colérico, isso quer dizer que terá a oportunidade de obter, fazer e ter qualquer coisa de valor que tenha perdido. Pode tornar-se tudo o que lhe era possível tornar-se.
- Para o tipo denegador, isso significa que está tudo perfeitamente bem, mesmo sem sua denegação. A clareza não lhe mostrará o quanto você foi prejudicado, mas o quanto realmente tem.
- Para o tipo depressivo, isso significa que sempre há apoio suficiente. Não é preciso encontrar energia para fazê-lo sozinho porque você não está sozinho. Existe

uma moradia da paz, e está dentro de você. A dor vai passar; você pode entregá-la a um todo maior.

Quando a transcendência estiver agindo na sua vida para recarregá-lo, talvez você precise, paradoxalmente, rever sua própria versão de inferno com freqüência, só para dar um "Oi" e sentir como você e ela mudaram. Quando obtiver a perspectiva e a força que a transcendência lhe oferece, seu velho ego e seu velho mundo o chamarão de volta até você concluir a transição.

A disciplina importante a lembrar nesses momentos é a prática da moderação. Se precisar irritar-se, temer, esconder-se ou naufragar, permita essas explosões somente durante períodos de tempo curtos e programados. Na minha casa, adotamos os "dias de saúde mental" periódicos: dias em que nos desapegamos de tudo e esclarecemos um pouco as idéias. Quando achar prático — e não quando for obrigado —, tire uma tarde de saúde mental. Nos momentos em que recair sem querer em estados e comportamentos indesejados, use os conselhos religiosamente para se reorientar e manter-se no caminho para o futuro criado e desejado por você.

Nenhum estrago novo

Os médicos fazem o juramento de Hipócrates, cujo princípio cardeal é o mandato "Em primeiro lugar, não fazer mal a ninguém". Já que somos nossos principais zeladores, seria bom seguir esse preceito em nossa própria vida.

Vou compartilhar um conceito profundo que me foi apresentado pelo Dr. Frank Miller, importante psiquiatra: nada de estrago novo!

Em épocas de mudança e, francamente, na vida em geral, já temos tanto a fazer todos os dias só para cuidar do que está nas nossas mãos que é importante estar atento para não criar nenhum compromisso novo nem se envolver em situações com probabilidade de gerar dificuldades adicionais.

Repare quais são as pessoas que lhe causam problemas ou o fazem sentir-se inferior. A cada situação, interação e até oportunidade, pergunte a si mesmo: "Que potencial de novos estragos isso tem?"

Um inocente almoço com uma amiga de infância invejosa é motivo para novos estragos. Não tomar o café-da-manhã quando está magra demais já é uma situação propícia para novos estragos. Ir ao shopping center e confiar em si mesma para não gastar o dinheiro que não tem é oportunidade para novos estragos.

Repita comigo: nada de estragos novos!

Quando o lixo tóxico vaza e se infiltra no meio ambiente, os estragos que sofrem os habitantes da área têm relação direta com a proximidade do desastre e a duração do contato. O mesmo se aplica a respeito de pessoas daninhas e situações do passado. Quanto mais tempo e mais próximo o contato com ambos, mais prejudicial será para você.

Toxicidade é o contrário de saúde. Saúde — o uso total da sua força para realizar mudanças positivas — é sua prioridade. Por um dia, faça uma lista de todos os novos estragos que está evitando agora que pratica a lei "Nada de estragos novos!". Você ficará espantado com o número de ocasiões propícias a danos que acontecem todos os dias.

Na crise, às vezes, nos damos permissão para "deixar rolar". Se existe uma época em que não podemos nos dar esse luxo é quando estamos suportando uma crise!

Não está certo fazer sujeira; e, se fizer, você tem de limpar. Existe um motivo por que, quando roubamos chiclete da loja do Sr. Johnson, nossa mãe nos obrigou a voltar lá e confessar. Quando fizer sujeira, limpe — principalmente quando estiver em crise.

Veja o que você já conseguiu neste capítulo:

- Você iniciou o processo de criar uma comunidade que reflita um modo de ser novo e magistral no seu novo mundo.
- Está abrindo sua vida a todos os tipos de apoio que lhe darão conhecimento, força e inspiração para concluir sua crise com êxito.
- Está procurando uma expressão nova e singular de si mesmo, uma voz no seu mundo e em si mesmo que seja ouvida e reconhecida pelos outros de maneiras construtivas e transformadoras.

- Você está empregando intuição e a unidade para orientá-lo até o fim de uma mudança eficaz.
- Ganhou seu distintivo de coragem pondo um pé à frente do outro e avançando rumo ao desconhecido.

Chore sua perda e honre o fim

A perda é a parte da vida que exige a construção de um ego e de uma vida mais autênticos. Tudo desmorona. Se tivesse conseguido apegar-se à sua vida aos 5, 10 ou 15 anos, quem você seria agora? Lembre-se disso quando sofrer a tenção de voltar para pegar o que não existe mais. Você criará uma vida nova. Já está criando.

Reserve um momento para criar uma lista com os modos como essa crise pode fazer com que você e suas possibilidades evoluam. Se não conseguir pensar em possibilidades positivas neste momento, *invente.*

Por exemplo: "Meu casamento desmoronou."

- Estou aprendendo a me amar.
- Estou conhecendo gente nova.
- Todos são simpáticos comigo.
- Há portas se abrindo para mim.
- Vou exigir um bom relacionamento da próxima vez.
- Estou tendo um relacionamento melhor com minha família.
- Amigos interessados estão me oferecendo muitas oportunidades novas.
- Finalmente perdi os cinco quilos extras com a dieta da infelicidade.
- Estou encontrando meu senso de humor.

Naturalmente, no final da lista, sua reação talvez seja: "Quem se importa com isso?" Porém, é necessário tomar conhecimento dessas coisas para se fortalecer e acelerar o processo de mudança com essas "tentações" à movimentação. Um dia, garanto-lhe, voltará a se importar.

Peça ajuda aos amigos, quiçá ao seu terapeuta. Até o mais horrendo conjunto de fatos pode criar um *você* mais forte, mais capaz, mais feliz. O primeiro passo é reorientar a atenção para o modo como a crise faz com que você enfrente um mundo novo e um você novo, e, então, descobrir aspectos dessas mudanças para admirar.

Sei que essa sugestão pode parecer ridícula. Celebrar as repercussões da crise não faz com que esteja tudo bem. É, porém, o único modo de fazer com que você esteja bem dentro dela. Você precisa sobreviver à crise e descobrir meios de fazer o novo você evoluir com essa experiência.

A alternativa é continuar com danos, o que não é aceitável para você nem para sua vida. Para não continuar danificado, você pode fazer o seguinte:

- Dar um almoço de procura de emprego.
- Criar um diário só para registrar os êxitos da sua nova vida.
- Pedir aos amigos que designem um dia para que todos mimem você.
- Vista a nova você (se estiver sem dinheiro, use roupas de segunda mão dos amigos ou do seu próprio armário).
- Aproxime-se de gente que elogie a pessoa que você está se tornando.

- Peça aos amigos que criem um dia para prepará-lo para sua nova realidade.
- Peça a todos os amigos que lhe enviem um e-mail dizendo de que mais gostam na sua mudança. (Você pode explicar de maneira divertida para que pareça menos constrangedor. "Sinto-me um peixe fora d'água. Estou tentando ver o que há de bom nessa experiência. Serei muito grata por quaisquer observações sobre o quanto mudei para melhor.")

As possibilidades são infinitas.

Se o que perdeu, seja o que for, não tivesse valor para você, não estaria em crise agora. Quando acontece uma perda, continuamos o assunto não resolvido de lamentar todas as perdas que sofremos na vida. Nunca somos capazes de digerir completamente nossas vivências, e todo lembrete, ou mesmo novo dano, nos dá a oportunidade de continuar no processo de curar nosso passado.

Quando alguém morre, os amigos e a família enlutados precisam chorar. Não obstante, a primeira coisa que o ente querido faz é não entrar em luto — mas, pelo contrário, ir cuidar da vida. Reunir a família. Resolver os problemas pendentes. Procurar saber do seguro. Cuidar do enterro. Administrar a herança.

O luto só vem depois de resolvidos os assuntos do momento, embora a perda seja sentida simultaneamente. Quando não cuidam dos negócios, quando as exigências novas e contínuas da vida são ignoradas, as famílias arranjam problemas.

Por incrível que pareça, ao tratar dos negócios da vida nova você já está aliviando a transição rumo à vida nova. Mesmo sem entender como, a simples mudança de comportamento quase sempre basta para catalisar uma cascata de mudanças positivas na vida. Ao mudarmos de comportamento, começamos automaticamente a lidar com a crise ou transtorno.

Ao fazer os exercícios deste capítulo, você tornou seguro reservar um momento para chorar essa perda e todas as outras perdas que a precederam. Escreva um poema. Acenda uma vela em memória da pessoa. Cante uma música triste e chore. Converse com o velho você por um momento, aquele que acreditava no que não existe mais. Ficar triste não faz mal. A tristeza é elemento necessário da mudança. Quando sofremos sem mergulhar de cabeça no sofrimento nem nos defender contra esse sentimento, reconhecemos a importância daquilo que veio antes da nossa situação atual e de quem somos hoje. Reserve um tempo para o luto e para pedir e receber consolo de si mesmo e dos outros.

O aniversário da minha mãe e o da morte dela são ambos em março. Os dois dias cercam meu aniversário, que compartilho com meu filho, e o aniversário do meu namorado, que precede o nosso por um dia. Dedico cada mês de março a celebração e luto, luto e celebração, e, então, entro em abril renovada.

7

Como evitar as três ciladas fatais: ruminação, recriminação e revanche

Neste capítulo, peço-lhe que abandone três hábitos mentais sedutores: ruminação, recriminação e revanche. Refiro-me a esses hábitos como ciladas letais porque nos mantêm acorrentados a uma vida que não existe mais. Essas ciladas letais são sedutoras porque produzem a ilusão da esperança. A ruminação nos permite reviver o passado incessantemente, reencenar diversos finais e permutações das mesmas situações fantasmagóricas. A recriminação ajuda a manter a perda a certa distância, pois desloca nossa atenção para acusar alguém ou algo. A revanche permite-nos cultivar a fantasia de que aqueles que nos fizeram mal terão de se retratar.

A ruminação, a recriminação e a revanche, porém, desviam a atenção de onde se deveria estar — na melhoria da vida agora e no futuro — e a mantêm arraigada no passado. Você e eu vamos dizer adeus a esses três buracos negros perigosos para nossa atenção e energia emocional.

Esquecimento-Perdão-Fé-Plenitude

Antes de percorrer o território doloroso dos três Rs — ruminação, recriminação e revanche — vamos realizar uma experiência de cura.

Reserve um momento para alimentar a idéia de que você é capaz de esquecer a crise e perdoar as pessoas, os incidentes e as forças da natureza que lhe fizeram mal. Faça de conta que o universo — Deus, sua visão interior, qualquer que seja sua fé — o apóia e que, neste momento, você tem o que lhe basta para a própria felicidade e cura. Imagine como estaria neste momento se isso fosse verdade.

Voltamos a sofrer nossas perdas muitas vezes. Cada vez que a recordamos, a perda provoca uma sensação diferente, porque estamos diferentes; ganhamos algo nas vezes passadas. A tristeza não deve ser nossa habitação nem nos períodos mais difíceis da vida. A tristeza deve ser um local que visitamos enquanto realizamos as atividades essenciais ao sustento da vida. Os períodos de luto atendem a um fim, mas às vezes são artificialmente curtos.

Qualquer que seja seu tipo de reação (Capítulo 4), existem três Rs que atingem a todos durante a crise: recriminação, ruminação, revanche. Quando mudar de posição no alfabeto, você terá o uso total da energia, da concentração e dos recursos para o presente e o futuro. Os três Rs nos amarram ao passado.

Entender a recriminação

Primeiro vamos examinar a recriminação e sua cura, o perdão. Não devemos jamais tolerar certas coisas, entre elas os abusos físico e emocional. Para que a vítima sobreviva, contudo, a energia precisa ser transportada do que aconteceu para o que está acontecendo agora. É da capacidade de sobreviver que a vítima precisa para tornar-se vitoriosa.

Perdoar não é — para vocês, tipos denegadores — fingir que algo jamais aconteceu. Nem é — para vocês, tipos coléricos — vingança. Por que desperdiçar energia com quem o prejudicou? Não é — para vocês, tipos ansiosos — aceitar os danos. Só permanece prejudicado quem quer. Vocês podem usar toda a experiência para ir aonde quiserem. E não é — para vocês, tipos depressivos — assumir a culpa nem aceitar os danos como se fossem problemas seus.

O perdão nasce quando percebemos que só é possível curar o passado no presente. É optar por reorientar a energia e os recursos para o presente e para os objetivos atuais. Quando se apega à culpa, seja acusando a si mesmo ou a outrem, você se apega aos danos. O perdão é o ato de dar atenção total ao presente. Quando perdoamos, recusamo-nos a permitir que outra pessoa ou situação detenha nossa força. Perdoar é tornar-se mais importante do que qualquer coisa que lhe tenham feito.

Naturalmente, você é a pessoa mais difícil de perdoar. Mesmo quando é você a vítima, sempre há um elemento de autoacusação para tornar-se vulnerável. A culpa e a acusação não são úteis nem racionais. Nem a culpa nem a acusação o ajudam a progredir na vida. É nossa tentativa equivocada de passar o passado a limpo, permanecendo nele. Temos a ilusão do poder: o poder do direito, o poder da nossa emoção. Se deixarmos de lado a culpa e as acusações, resta-nos enfrentar os danos. Isso é, porém, exatamente o que precisamos fazer.

Não perdoamos por ser o certo, mas porque é o único modo de fazer com que a situação antiga não ocupe na sua vida o lugar que seu novo corpo-emprego-relacionamento-vida deve ocupar. Por mais vazia que lhe pareça a vida de vez em quando, a vida é sempre plena. Nela, não há espaço para pessoas e vivências novas e autênticas se você não largar as antigas. Reconhecer apenas isso quase sempre é o bastante para ajudálo no difícil processo do perdão.

Sempre que achar difícil perdoar, repare no ponto da sua vida que a antiga situação ou pessoa ocupa. Está disposto a abrir mão de algo maravilhoso, autêntico e real em troca dessa conexão com o passado? Por exemplo, a raiva que você tem do seu pai pode estar ocupando o espaço que seria ocupado por gente boa e prestativa que acredita em você e lhe dá o amparo que ele deveria dar. Culpar sua irmã por mau comportamento é preencher o espaço que poderia preencher com entendimento. Se não consegue perdoar o seu ex, seu relacionamento principal é com ele. Que utilidade tem isso? Por que não tentar se relacionar com outra pessoa, que possa e queira preencher suas necessidades? Se não consegue perdoar a vida, Deus, seu patrão etc., você mata sua capacidade de realizar uma mudança verdadeira.

Quando perdoa, você não desculpa o comportamento, a pessoa ou o fato prejudicial. Você simplesmente se recusa a permitir que ele ocupe um espaço na sua vida. Os seres humanos nascem equipados para sobreviver e prosperar. Se mantiver a percepção de que, quando não perdoa, você perde, o perdão se torna algo normal. Não voltará a encontrar a faca enterrada nas suas costas porque perdoou. Terá conquistado o amadurecimento oriundo da experiência sem danos perpétuos.

Para perdoar, você precisa reconhecer para si mesmo o que acha ter perdido, e que se apegar a esses sentimentos apenas perpetua a sensação de perda. O perdão libera a sensação de perda e liberta a energia que estava aprisionada pela recriminação. Perdoar nos libera e nos concede poderes. Para ajudá-lo a reconhecer o preço emocional e psíquico da recriminação, convém anotar os outros usos que poderia dar à energia desperdiçada.

Eis alguns exemplos:

- Reconheço que o mundo me decepcionou. Consegui um excelente diploma universitário e procurei emprego, mas ainda estou desempregado. Perdôo a situação e opto por usar a energia que libero para atrair o emprego perfeito para mim, e me permito realizar as mudanças que tornam isso possível.

Ou:

- Perdôo meu pai. Recupero o poder que ele tinha de me fazer sentir inferior e uso esse poder para dar força.

Ou:

- Perdôo meu patrão por ter-me demitido e opto por usar essa energia para atrair um emprego que eu queira realmente.

Ou:

- Perdôo-me por ter deixado meu namorado me fazer de boba e me magoar mais uma vez, e opto por usar essa energia para me amar e, assim, abrir espaço para que outras pessoas cheguem a mim.

Ou:

- Perdôo a Deus (ou ao universo ou ao meu Deus interior) por me tirar esse ente querido. Vou recuperar essa energia para poder amar de novo.

Lembra-se da expressão "perdoar e esquecer?". Para esquecer, precisamos perdoar. Você precisa das mãos para construir, consolar, amar, criar e dominar uma vida nova e maravilhosa. Quem não esquece fica ancorado a um passado que não lhe serve mais.

Entender a ruminação

É natural querer voltar para mudar algo que aconteceu, que você tenha dito, como se sentiu ou fez outra pessoa se sentir. A ruminação, porém, é o desejo impotente de cura.

A ruminação é meu regalo caro e predileto: a viagem mental do iria, deveria, poderia e se, e se ao menos. Ruminação é a fantasia constante, viagem no tempo para reinterpretações e resultados que não poderão nunca existir. Ruminação é ferir a si mesmo. É transportar a energia do presente e mantê-la em um lugar onde não tem poder, o remoer do passado. Você é o diretor do seu próprio filme, que ninguém jamais verá. Ruminação é um modo bem comum de evitar o trato com o incômodo real, visceral, devorador de energia do presente. A ruminação o mantém em um ambiente conhecido: o passado, a fantasia e a ilusão de controle que lhe proporciona manter a vida em quarentena dentro da cabeça.

Com uma técnica simples chamada diálogo telepático (Capítulo 7) é possível alterar a dinâmica do evento. Essa técnica é usada para curar algo no passado, no presente ou até no futuro. Você vai perceber, quase sempre, que a pessoa ou as pessoas com quem dialoga têm uma mudança de atitude ou mesmo vão procurá-lo para continuar a conversa que você teve intuitivamente a distância.

Tive uma aluna em uma das minhas oficinas que recebera diagnóstico de câncer. Nunca fumara, não trabalhava em profissão com riscos ambientais, a família não tinha histórico de câncer e, não obstante, ali estava ela com câncer no pulmão.

Quando eu a vi, toda a energia dela estava voltada para saber por que isso estava acontecendo. O que ela fizera? O que poderia ter mudado? Tinha lido um livro que afirmava ser o câncer conseqüência de uma decepção não resolvida. Como foi que ela fez isso a si mesma? Teria sido por que a mãe abandonou a família? Era culpa da mãe dela? Se a mãe tivesse ficado, ela estaria saudável? Se tivesse feito terapia para resolver essa decepção, teria evitado essa crise?

Toda a energia dela se dirigia a esses pensamentos. Mas veja o que ela não tinha concentração nem energia para fazer: não marcou uma cirurgia que, embora desagradável, teria grandes probabilidades de lhe salvar a vida; não procurou terapias alternativas para atacar o problema; não procurou uma comunidade que a orientasse no decorrer do processo; não tratou as estruturas da vida de um modo que tornasse o mais suave possível o processo de cura. Tudo o que poderia ter transformado a crise em um curto episódio desagradável foi sacrificado nas ruminações dela.

Ela veio à oficina para se curar. Seu parceiro fez imposição de mãos, também conhecido como cura mediúnica. Depois disso, a aluna perguntou ao parceiro: "Acha que estou curada?" Ele não sabia responder e estava tão nervoso que isso se tornou discussão na aula. Pedimos a ela que tratasse da "realidade terrestre", os fundamentos da situação. Recomendamos que obtivesse informações e tentasse tudo o que fosse possível — cura mediúnica, terapia, cirurgia, apoio — para dar-se as melhores probabilidades de cura de um modo que fizesse a vida dela ser do modo que ela queria. Explicamos a ela que não enfrentar a raiva e a tristeza que essa situação despertou poderia ser o motivo por que nunca tivera um relacionamento longo nem se comprometesse com uma carreira satisfatória. Assinalamos a oportunidade que havia no trato com esses problemas, fazer a cirurgia antes que o câncer progredisse e seguisse rumo a uma vida que sempre quis, mas não conseguira criar para si mesma. Houve quem se oferecesse para pesquisar por ela, ser uma voz do outro lado do telefone. Uma simpática velhinha se ofereceu para ficar com ela após a cirurgia e fazer as vezes de mãe. A aluna agradeceu a todos pelo apoio e perguntou: "Acham que estou curada?"

Eu gostaria de oferecer ao leitor um final inspirador dessa história, porém eu nunca mais soube dela. Tenho por norma só fazer o acompanhamento de quem me pede. Minha esperança é que tenha recebido apoio e orientação suficientes na oficina para tomar providências imediatas e apropriadas, mas duvido que isso tenha acontecido. Na melhor das hipóteses, talvez tenha continuado com os mesmos pensamentos até que o câncer chegasse ao ponto em que ela estivesse sofrendo muito mesmo, o tipo de sofrimento que nos empurra para o presente. O triste é que, então, o prognóstico não seria tão bom.

Lidar com a ruminação requer disciplina. Há certo consolo em voltar para um lugar que conhecemos, mesmo que seja um lugar doloroso. Permite-nos não lidar com o presente que achamos estar prejudicado e com o futuro, que é uma incógnita. É possível e necessário tratar dessa atração do passado concentrando a energia conscientemente no presente. Essa concentração precisa ser ativa e minuciosa. Sempre que se surpreender escorregando para a ruminação, procure o que fazer — preparar um café, pagar uma conta, tomar um banho, qualquer coisa —, que o traga para o presente. Oriente a qualidade da fantasia, não para o passado, mas para o futuro. Crie fantasias que excluam o passado, mas sejam esperançosas, consoladoras e motivadoras. A seguir, algumas atividades que o ajudarão:

- Faça um desenho do seu desejo realizado. Quando terminar, examine o desenho e registre suas impressões. Com essa técnica, você dará a si mesmo muitas informações úteis provenientes do subconsciente e da intuição. Talvez convenha mostrar esse desenho a um amigo e perguntar o que percebe nele. Permita a si mesmo e à sua vida, como estão agora, ser interessantes e atraentes para você.
- Converse consigo mesmo daqui a um ano. Seja você realmente daqui a um ano exato. Finja que a vida deu certo, embora seu passado tenha ficado para trás (não é possível fazer sua mulher voltar; pode estar em um relacionamento amoroso, apaixonado, comprometido), e deixe que seu futuro ego diga ao atual como está

passando, com muitos detalhes picantes. Adoro anotar tudo isso em papel, como se fosse um script, mas você pode apenas fechar os olhos e fazê-lo verbalmente.

- Quando precisar visitar o passado, faça-o apenas por um período de tempo curto e programado.
- Participantes da minha oficina passaram por situações interessantes com um exercício que fazemos em pares, com um deles tornando-se a pessoa ou a situação com que o outro quer conversar. É comum escolherem alguém de quem não têm notícias há muito tempo, ou com quem não consigam conversar sem brigar. Quase sempre, poucas semanas depois, a pessoa realmente telefona para retomar a conversa que começaram (sem que soubesse) no diálogo telepático (Capítulo 7).

A ruminação nos leva de volta a um lugar que não existe mais e não pode ser recriado. Só é possível curar o passado no presente. É aqui que nosso poder, nossa inspiração e nosso dom de cura podem fazer milagres e retificar os erros do passado.

Entender a revanche

As sementes da revanche são as sementes da cura. São um desejo de acertar contas com um resultado justo. A fantasia do ressarcimento dos danos e da compensação das perdas nos permite sentir poderosos e íntegros de novo. Já vi quem fizesse questão de ir à forra contra cônjuge ou empregado que lhe fez mal. Também vi quem se recusasse a construir qualquer coisa de bom na vida por pura revanche contra um Deus ou universo que o tivesse traído. A crise quase sempre vem acompanhada de injustiças indigestas, que são apenas isso: indigestas. Em algum ponto, você, sua sobrevivência, seu êxito e sua felicidade têm de ser mais importantes do que quem ou o quê lhe fez mal. Quanto mais você se afastar dessas duas injustiças e dos injustos na vida, mais poder terá para criar o que é, de fato, significativo para você.

Dito isso, não vou falar das injustiças que muitos de nós tratamos como nossa obrigação de ajudar ao próximo. Elas têm para nós um motivo que vai além do acerto de contas. Falo daquelas batalhas personalíssimas, que é raro vencer, de reivindicar um pedaço de nós perdido numa situação em que fomos prejudicados. A realidade é, como dizem os italianos, *"Vendetta e un piatto che va mangiato freddo"* (A vingança é um prato que se come frio). Em outras palavras, quando sofremos no calor de nos sentirmos prejudicados, só conseguimos fazer mal a *nós mesmos*.

Somos ineficazes na revanche. Só quando a razão retorna podemos usar nossos recursos com eficácia para prejudicar, embora, a distância e com perspectiva, essa raramente seja a forma que escolheremos para gastar nossa energia. A maneira simples de nos convencermos a desistir da revanche é nos conscientizarmos da realidade de que causaremos muito mais mal a nós mesmos do que a outrem quando procuramos a revanche no calor do momento. Deixemos a revanche para um momento em que estivermos mais calmos, fortes e objetivos, e então, se for importante, faremos nossa vingança.

O mais eficaz é reconhecer que estamos com raiva e que precisamos nos sentir fortes de novo e, então, fazer o que nos ajude a metabolizar a raiva (ver as recomendações para o tipo que reage com raiva) e tomar providências, por menores que sejam, para construir nossa nova vida.

Eis algumas coisas que podemos fazer quando dominados pelo desejo de revanche.

- Examinar a fantasia de revanche. Pergunte-se o que obteria com ela, além da satisfação de ver a outra pessoa pagar. Saiba que se está esperando que a pessoa lhe dê esse prazer, além de ser uma longa espera, você deixará de obter isso para si de outra maneira. Em outras palavras, vai deixar nas mãos de outrem o poder de impedir que suas necessidades sejam satisfeitas. Agora concentre toda essa energia quente, irada, em fingir que essa gente não existe e atenda a suas necessidades de outra maneira. Faça uma lista de como isso poderia acontecer.
- Fazer um rito fúnebre. Convide alguns amigos íntimos e enterre a pessoa ou a situação (metaforicamente, é claro — ah, que pena) com toda a crueldade dela. Faça um discurso, fale tanto quanto quiser, deixe que as palavras que saem da sua boca o surpreendam. Reserve alguns minutos para fazer o luto da perda, falar da pessoa que agora você se tornou (de maneira positiva, como se já tivesse atingido seu objetivo), e faça uma festinha. Já fiz essa cerimônia, que chamo de enterro e casamento, inúmeras vezes, nas minhas oficinas. É gratificante, catártico e curativo.
- Ponha um travesseiro à sua frente e faça com que ele seja a pessoa ou situação de quem você quer se vingar. Grite com ela. Diga-lhe o que pensa e que você vai recuperar seu poder. Informe à pessoa sobre a sua transformação (que seja positiva, por favor) e que ela fracassou na tentativa de derrubá-lo. Faça isso até chorar, rir ou ter alguma outra expressão emocional catártica que o acalme.
- Faça uma lista das coisas que essa pessoa ou situação lhe tirou. Na imaginação, veja (ou, se não consegue vi-

sualizar, simplesmente sinta de alguma outra maneira) a pessoa diante de você e, uma por uma, pegue essas coisas de volta, informando a ela que pertencem a você e que ela não as possui mais.

- Você pode fazer esses exercícios sempre que sua atenção se voltar para a revanche.
- Quando recuperar sua energia, é interessante ver como os outros respondem. Estamos energeticamente ligados às pessoas e vivências do nosso passado. Quando dissolvemos a conexão e recuperamos o que é nosso, começa a magia na nossa vida, e retiramos a magia e o poder da pessoa que nos prejudicou.
- "Viver bem é a melhor vingança." Isso é que é ladainha de cura.

Ruminação, recriminação e revanche são meios de se manter arraigado no passado.

Toda perda envolve uma sensação de traição. Talvez você tenha se traído ao permitir a continuação de uma situação ruim, abrir mão do poder pelo qual agora paga, manter um mau hábito, como comer demais ou fumar, e hoje percebe que está roubando sua vida. Talvez seu próprio amadurecimento o tenha traído. Talvez não queira mais coisas, pessoas ou situações as quais achava que iria valorizar eternamente. Quiçá foi traído por uma pessoa, pelo seu corpo (com uma doença), pelos colegas, pela sociedade ou comunidade, ou mesmo pela sua idéia de Deus. As leis segundo as quais vivia mudaram, em razão de um fato ou na sua percepção, e você não confia mais nelas.

Quando somos traídos, precisamos procurar uma nova fonte de poder no mundo, na nossa idéia de ego e nas nossas convicções. O ponto de partida é a interação com o mundo, os detalhes, a "realidade mundana" da situação. São os resultados dessa nova fonte de poder que produzirão o retorno real e concreto de que precisamos para criar nossa situação; não estamos perdidos, mas, pelo contrário, temporariamente deslocados.

É possível descobrir crenças novas e mais apropriadas. Descobriremos que não nos perdemos, mas somos alguém que consegue funcionar com criatividade e força no nosso novo mundo. O mais importante é que o mundo ao redor vai reagir a esses atos de um modo novo e que delega poderes.

Isso não significa que tudo ao redor passe a se encaixar, como num passe de mágica. Aprender a andar é cair, levantar, sacudir a poeira e ter a determinação de tentar de novo. Não julgue seus esforços. É melhor aproveitar o tempo e a energia gastos no julgamento de si mesmo na tentativa de dar o passo outra vez. Os fracassos são indícios de que o êxito está por perto. Significam que estamos tentando.

O deprimido, nosso pensador, perguntará: "Por que tentar se seremos traídos de novo?" Pois eu lhe direi por quê: não há alternativa. Alguns crêem que as estruturas com que trabalhamos são necessárias. Sim, algumas dessas estruturas acabarão por nos trair, pois vamos amadurecer e abandoná-las, traindo nosso velho ego. Quem disse que para ser digno de confiança é preciso ser perfeito foi alguém do tipo que denega. Nada é perfeito, a menos que o aceitemos como tal.

"Che si accontenta, gode", dizem os italianos: "Quem se contenta, goza." A traição faz parte da perfeita imperfeição da vida. Alegre-se com o que é simples e imperfeitamente aceitável. Os tipos coléricos dirão: "Não é justo e eu não aceito." Não aceitar o que está acessível, e bastante acessível, é cortar o nariz para se vingar do rosto. A realidade não é opcional.

Sua única opção é decidir como quer viver no mundo real e criar o que quer. Os ansiosos perguntam como lidar com o medo da imperfeição. É preciso lidar com o medo em si. A imperfeição, uma vez integrada na sua realidade, é apenas algo a se levar em conta em uma existência proveitosa e alegre.

Como lidar com a traição? Reconhecemos que é parte necessária do amadurecimento rumo à felicidade, à criatividade e à realização. Não podemos continuar iguais e prosperar. Nada pode. Nem oceanos, nem pessoas, nem relacionamentos, nem empresas, nem sociedades.

A dádiva suprema da traição é a autenticidade. Por mais difícil que seja descobrir quando se é traído, o que resta é o início de quem se é realmente: a fé em si mesmo, de poder confiar em sua força interior, intuição, juízo e critério. É possível ser quem você de fato é em todas as etapas da vida e do amadurecimento, e atender bem às suas necessidades. Você ainda gostaria mesmo de tomar mamadeira, ser carregado no colo ou usar fralda? Não obstante, a eliminação de todos esses hábitos foi considerada traição. O que você aprendeu? Que podia administrar suas próprias necessidades e gratificações.

Sim, eu queria que minha mãe tivesse pensado nos quatro filhos que deixou para trás quando se suicidou. Queria que meu pai crítico, perfeccionista, tivesse me ajudado a me sentir mais valiosa e especial. Queria que meu marido tivesse cumprido suas promessas financeiras. Contudo, neste momento tenho amigos e uma família que me paparicam mais do que consigo, às vezes, tolerar; tenho muitas coisas e pessoas na minha vida que me fazem sentir um bibelô (meu pai, inclusive), e tenho uma profissão que me sustenta muito bem. Eu não desistiria de nada do que criei com essas traições para ter vivido a vida de outra maneira.

É impossível atender às necessidades no passado. Posso amar minha mãe sem saudade, desfrutar da companhia do meu pai pelo que ele tem a me oferecer e reconhecer como minha relação com ele me ajudou a atrair um homem amoroso e positivo para a minha vida, e reconhecer que os meus apertos financeiros me deram um dos elementos mais valiosos da minha vida: minha profissão. Torne-se mais importante do que as pessoas e as situações que você deixou para trás ou que o deixaram.

Quando passa da reação à criação, é certo que você perceberá o que perdeu de maneira clara, específica e realista. Mais uma vez, toda mudança envolve perda. Mesmo tendo perdido algo que queria perder — peso, um mau hábito, um emprego ruim, uma parceria difícil —, esse algo *definia* você. Seu novo ego é capaz de avaliar esse algo com uma objetividade cada vez maior. A objetividade e a realidade podem ser dolorosas, mas esse par tão sério planta um alicerce sólido sobre o qual construir seus sonhos.

Pergunte a si mesmo o que o faria achar que tem o que precisa. Como seria a imagem de um você curado? Comprometa-se com essa imagem. Desenhe-a, fale dela, dance com ela, peça a outras pessoas que o ajudem a criá-la. Reserve algum tempo para assimilar esse retrato, para fingir que já existe e a intuição possa ajudá-lo a descobrir recursos para reconhecê-lo quando acontece. O difícil na crise é que raramente nos tornamos experientes ao passarmos por ela com êxito. A tendência é apelar aos tipos de reação que mostramos no Capítulo 4. Os que reagem com raiva ficam furiosos e explodem. Os depressivos desistem. Os ansiosos ficam totalmente paralisados ou mergulham em atividades frenéticas, irracionais, ao passo que os denegadores ignoram o problema até que alcance proporções gigantescas e ameace erodir tudo em sua vida.

Se quiser, jogue com as coisas na cabeça, elabore-as antes da crise. As empresas que se preparam para diversos futuros usam uma técnica chamada planejamento hipotético.

Imagine a seguinte hipótese: você acaba de ser demitido, abandonado pelo cônjuge ou de receber o diagnóstico de uma doença. Como se sente? O que vai fazer? Qual é sua reação imediata? Como sabe qual deve ser sua reação? Percorra toda essa crise até a conclusão. Faça isso o mais depressa possível. Em um minuto.

Agora seja metódico na mesma crise. Use o que já aprendeu neste livro. O que poderia ter feito de outra maneira? Quais opções se abrem para você? Quem pode ajudar? O que precisa saber sobre si mesmo para sobreviver a essa crise? Como poderia ter modificado o resultado?

Pratique hipóteses de crise em que você sobreviva e prospere. O intelecto e a intuição se empenham em descobrir soluções antes que os problemas surjam.

O planejamento hipotético pode até transformar-se em jogo. Até o nascimento do meu filho, eu jogava um jogo chamado Viagem no Tempo. Se pudesse voltar no tempo sabendo o que sei agora, o que eu modificaria?

Naturalmente, nas minhas antigas fantasias, eu salvaria minha mãe, conservaria os velhos livros de contos de fadas da minha avó, enfrentaria aquela diretora nojenta da minha escola primária etc. Contudo, hoje sou prática e realista demais para achar que, alterando as perdas, preservaria algo de valor. E se eu tivesse salvo minha mãe e ela continuasse a tentar se suicidar, o que teria mesmo feito, e eu continuasse a despender minha energia e meu tempo cuidando dela? E se eu tivesse enfrentado a diretora e sido expulsa da minha confortável escola particular?

E se, quando meu filho nasceu, eu não pudesse mais jogar esse jogo? Eu não mudaria nem um só detalhe do meu filho. Se eu tivesse uma vida diferente, ele seria outra pessoa. Eu não deixaria de sentir falta de nada nele que mudasse. Dito isso, o único acontecimento que me lançou na crise mais longa da minha vida, quando fiquei em desvantagem em todos os aspectos, foi o nascimento do meu filho. Não obstante, quase sempre olho para ele e me pergunto como vivi em um mundo em que ele não existia. Eu reviveria todos os momentos dolorosos do meu passado para estar com ele agora.

Às vezes, a ruminação se disfarça de introspecção

No século passado surgiram novas disciplinas como a psicologia, a psiquiatria e a psicanálise ao redor da idéia de que só compreendendo nossos problemas ou crises podemos iniciar o processo de cura. Eu gostaria de propor a idéia herética de que devemos adiar a tentativa de entender acontecimentos traumáticos até que o processo de cura já esteja bem adiantado, ou então adiá-la indefinidamente.

Quando grandes crises abalam nossa vida, é natural querer entender o que provocou esses acontecimentos. Porém, na correria e no tumulto da vida, essa tentativa de entender costuma ser perda de tempo. Em primeiro lugar, esse entendimento em "tempo real" é, em essência, impossível; precisamos de distância e perspectiva para entender os grandes acontecimentos da nossa vida. Igualmente importante, quando lidamos com uma crise, é que precisamos dirigir todos os nossos recursos mentais, emocionais e outros para resolver o assunto.

O que teríamos feito, devíamos ou poderíamos ter feito antes não ajuda no momento, agora. A vida que estamos vivendo pode não ter alicerce na vida que perdemos ou nos recursos da vida que teremos. O que podemos fazer agora, entendendo o ponto em que nos encontramos, e como usar melhor o que temos agora, são as questões prementes em cuja solução devemos despender nossa energia e engenhosidade.

Um dos maiores erros que podemos cometer diante da mudança radical, então, é deixar de agir até poder avaliar totalmente a situação e as opções. Se vivemos no momento, com as ferramentas do momento, podemos seguir em frente rumo à inteireza imediatamente. Ruminar o passado, reviver os "erros" e as decepções (o que sempre envolve grandes doses da insalubre auto-recriminação) nos mantêm congelados no passado. Precisamos voltar nossa atenção para o que podemos fazer *agora*.

Não me leve a mal, mas a psicoterapia pode ter papel importante no processo de cura. Até o ponto em que é possível entender um acontecimento traumático, porém, esse entendimento só nos chega com o passar do tempo, bem como com distância e perspectiva.

Nesse ínterim, precisamos tocar a vida.

Também é preciso se desfazer da dor

Ruminação, recriminação e revanche nos mantêm atolados no sofrimento. Uma das coisas que nos impede de progredir é o nosso apego à dor. Para transformar a vida é preciso descobrir um meio de agüentar a dor da crise, ou de afastar-se dela.

Quantas vezes sua vida esteve arruinada, acabada, destruída a ponto de tornar-se irreconhecível? Não obstante, aqui está você, inteiro o bastante para ler estas palavras.

Não há prazer sem sofrimento, certo? E o que não mata, engorda. Será?

Detesto o clichê "doer faz bem à saúde".

A dor machuca. E a dor crônica solapa nossa capacidade de sobreviver, assim como a de evoluir.

Mesmo assim, agarramos o sofrimento. É assim que nos convencemos de que o largamos — mesmo quando ainda estamos apegados. Desapegar-se do sofrimento é nos desprender da nossa ligação à sua fonte: nossa antiga vida! É nesse momento que o luto começa verdadeiramente. O sofrimento fere; o luto alivia a dor.

Estamos, todos nós, nesta vida para ensinar e aprender. Mas nossas lições não precisam ser tão dolorosas como são, às vezes.

Temos opção no tocante à forma que nossas lições assumem. Quando vivemos conscientes podemos dizer ao universo: "Ensine-me outra maneira!"

Vejamos a palavra *significativo*. Quando resolve tornar significativa alguma vivência, você se torna observador da situação. Quando um acontecimento se torna útil para nós, também se torna suportável. Sabemos contextualizar e orientar seu impacto.

Na crise, é difícil entender o significado daquilo por que passamos no momento, mas ainda podemos orientar a situação rumo a um entendimento que nos leve a uma situação melhor na vida. Para tanto, tenha em mente os resultados do teste dos tipos e seu estilo de reação.

Até o valor das nossas perdas faz sentido quando entendemos que a vida é um *continuum*. Ajudamos uns aos outros no decorrer de muitas vidas. Nunca, jamais, pense que está sozinho, ou que nossas lutas são desprovidas de sentido. Nossos esforços são sempre dolorosos — às vezes demais —, porém nunca sem sentido.

Estamos nesta vida para aprender e ensinar ao mesmo tempo.

Talvez você queira saber como pode ser professor dos outros quando, em algumas ocasiões, como as de crise, você se esforça para realizar as tarefas mais simples. A explicação está na nossa interconexão. Quando é ferida por insetos, incêndios, elementos, a árvore secreta líquidos protetores. Isso não é um fato tão marcante em si. Mas os cientistas descobriram que quando uma árvore de um lado da floresta sofre danos, as árvores do extremo oposto da floresta também secretam líquidos protetores.

Assim como as árvores, estamos todos conectados — você, eu e todos. E o que aprendemos na vida, e nas nossas lutas, *todos* aprendem.

Você é todas as pessoas em crise. Todo golpe aparentemente injusto que o destino lhe aplica atinge a todos nós. E quando sobrevive à crise, você nos ensina como sobreviver a ela.

Durante a crise é provável que você não tenha as mesmas coisas que tinha antes para dar aos outros. Quando estava casada, eu tinha muito dinheiro, e podia dar dinheiro aos amigos e aos parentes com freqüência.

Durante a crise eu não tinha mais dinheiro para dar. Isso fez eu me sentir uma pessoa ridícula e necessitada, e algumas amizades não sobreviveram. A única coisa que eu tinha mesmo para dar eram minha intuição e meu discernimento. A intuição sempre fora parte natural e confortável de mim, então, eu achava que estava dando muito pouco.

Anos depois descobri que aquele era um presente muito mais valioso para muitos dos meus amigos do que o dinheiro. Também era um presente que gerava uma ligação íntima com a vida dos meus entes queridos.

Vamos reservar um momento juntos para lamentar a perda e reconhecer que o luto se repetirá de vez em quando até que você tenha criado totalmente sua vida nova. Quando não mais permitir que os três Rs o prendam ao passado, talvez sinta sua perda de maneira mais completa. Foi o medo disso que o manteve apegado à perda.

Chore, lamente, peça a outras pessoas que façam esse luto com você. Mesmo que tenha sido um mau emprego, casamento, hábito, ou qualquer outra coisa, você tem o direito de sentir saudade, chorar e pedir que outras pessoas rendam tributo à perda junto com você.

Saiba que, embora a dor seja insuportável e você nem consiga imaginar-se superando essa parte da sua vida — dói tanto que você nem sabe como seria a sensação do alívio —, o sofrimento pode ser combustível, e quando você o usa como combustível, não o percebe como sofrimento.

Exercício: Diálogo telepático

Um dos motivos de ficarmos presos ao passado em razão de ruminação, recriminação e revanche é a sensação de que não podemos voltar e desfazer o passado, principalmente quando as pessoas ou situações em questão já estão distantes. Podemos adaptar a técnica do diálogo telepático, de que falamos anteriormente, a inúmeras outras situações, mas, por ora, vamos usá-la para ajudá-lo a resolver questões que não possam ser resolvidas de outra maneira (por exemplo, problemas com alguém que não está mais na sua vida).

Respire bem fundo e preste atenção em todos os seus sentidos, bem como nos pensamentos. Permita-se sentir, de qualquer modo que lhe seja possível, a outra pessoa com você. Dê-se tempo para perceber o que essa pessoa (seu objeto) precisa sentir, ver, ouvir ou saber, para realizar com você essa sessão de cura. Repare no que precisa sentir, lembrar, ver ou ouvir para transmitir a mensagem ao seu objeto. Envie ao objeto essas sensações, impressões, recordações e sons sentindo-as você mesmo e, simultaneamente, sentindo que o seu objeto as sente.

Traga à mente a pessoa ou situação. Perceba a si mesmo e também à pessoa ou situação como algo separado de você, da sua mente, para poder ir e voltar entre você e "ela" dentro da cabeça.

Dê um toque de realidade à imagem ou situação que seu olho mental enxerga. Nesse momento, permita-se agir como se pudesse mesmo se comunicar com essa pessoa ou situação.

Pode até ajudar se você escolher um ponto na parede e imaginar a pessoa ali, puser uma xícara na mesa e imaginar a pessoa ali. Não se esqueça de que você não é obrigado a *ver* a pessoa. Pode simplesmente sentir a presença dela ou até "saber" que ela está ali.

Para começar, pergunte, mentalmente, o que precisa saber dessa pessoa — e espere pela resposta. Tanto a resposta quanto a pergunta podem envolver o uso de todos os sentidos. Você pode ver, sentir, ouvir, sentir o cheiro ou o paladar, ou apenas saber qual é a pergunta ou a resposta. Depois de passar alguns minutos fazendo isso, você começa a sentir um fluxo de informações e sensações indo e voltando entre você e o seu interlocutor "imaginário".

A questão é resolver a situação até certo ponto. Você precisa conversar com essa pessoa sobre o que está havendo e tentar descobrir meios de chegar a uma boa resolução. Espere a resposta da pessoa; não invente nem tente prevê-la. Você sentirá a resposta da pessoa de diversas maneiras. Pode ouvi-la, vê-la, senti-la ou percebê-la de outro modo.

Este exercício pode ser frustrante, pois não é com o "eu superior" da pessoa que você se relaciona, mas, pelo contrário, com a própria pessoa, com todas as fraquezas que ela e a situação têm na vida real.

Talvez seja preciso repetir este exercício muitas vezes, e talvez você descubra neste exercício que não há resolução proveniente do trabalho direto com a situação. Nesse caso, o objetivo é expressar o que precisa, até sentir alguma proximidade. É comum a pessoa "imaginária" com quem conversamos telefonar alguns dias depois para "continuar" a conversa.

Se você gosta de escrever, talvez convenha redigir este exercício ao praticá-lo, ou pelo menos iniciar o exercício dessa maneira. Também pode usar um gravador.

É preciso que esteja bem claro o rompimento da conexão após o exercício. Aliás, não tente praticá-lo por mais de cinco minutos; não convém enredar-se inconscientemente com essa pessoa ou situação difícil. A idéia é reservar algum tempo para o diálogo consciente, conectar-se e negociar, e, ao fazê-lo, tirar a "dinâmica" de dentro de si e levá-la para um lugar onde a outra pessoa (ou situação) esteja "fora" de você, permitindo-se certa perspectiva e clareza no tocante a quem você é e quais são suas opções.

Uma das partes mais fantásticas deste exercício é que o diálogo quase sempre continua na vida real, como se você tivesse de fato conseguido negociar e se comunicar durante o exercício. A vida é vivida em muitos níveis. Quanto maior for o número de níveis que trabalhamos para atingir um estado de saúde, mais potentes seremos para criar mudanças de maneira positiva e poderosa.

8

Reescrever sua mitologia particular

Então, *quem é você?* Nossa pergunta insistente, que encontramos logo na abertura do Capítulo I.

Você não é sua história. Na verdade, ela é imprecisa, subjetiva e — a não ser que o esteja ajudando a realizar — supérflua. Você é suas escolhas. Há tantos relatos de pessoas que eram fracassadas e, não obstante, quando enfrentaram uma crise, construíram grandes coisas e, nesse processo, também se tornaram grandiosas. É uma pena que inúmeras histórias apresentem as pessoas populares na escola que fracassaram mais tarde na vida.

Não é sua história que dita sua vida — são as *suas escolhas.*

Todos temos uma história, um drama, um mito, que encenamos repetidamente durante a vida. Costuma ser uma história herdada, criada antes mesmo de nascermos, pela história dos nossos pais e das circunstâncias do nosso nascimento, quase sempre herdada por eles da mesma maneira. O mundo que nos cerca e as pessoas nele presentes são meros atores desse drama.

: sua mitologia particular? Se não tiver certeza, pense em como os seus pais e os seus irmãos o teriam descrito. Eu era a "responsável" na minha família. Tenho uma irmã que era o "paciente identificado". E também havia a "bonitinha". É normal que você ainda esteja vivendo a mitologia particular que lhe foi outorgada na infância.

Em momentos de transição, sua obsoleta mitologia particular é perigosíssima. Vejamos a história de Jeff.

Jeff sempre soube que era uma pessoa especial. Apesar da infância difícil, tinha um talento extraordinário que fazia com que fosse notado e tratado de maneira diferente. Teve muitos êxitos profissionais no início da vida adulta. Tinha uma personalidade tal que, embora ninguém percebesse, jamais conseguia fazer um pedido no restaurante sem alterar o prato descrito no cardápio. Na época da entrega da declaração de rendimentos, quando todos corriam feito loucos para entregar no prazo, ele achava que o faria quando lhe fosse conveniente, ou seja, nunca. Se algo fosse desagradável, ele simplesmente o evitava, "protegendo-se" como se fosse de vidro.

Depois, quando estava chegando aos 30 anos, ele estagnou. O trabalho não progredia. Ele nunca tivera tempo para relacionamentos. Estava sempre "cansado" e irritado, às vezes chegando a ter surtos temperamentais. Não ia ao médico, ao dentista, ao contador nem ao advogado havia anos. Confiara no fato de ser "especial" para se manter seguro. Aos 40, a vida dele estava um caos, mas nunca lhe ocorrera fazer as coisas cotidianas e monótonas que todos nós, os mortais, fazemos para melhorar. Alguém o levou a um terapeuta, mas é claro que ele era mais inteligente que o terapeuta e achou que o profissional não era capaz de entendê-lo.

Jeff não tinha o perfil de quem procura ajuda. Sua mitologia particular o levou a um ponto de crise. A ficha caiu quando seus recursos estavam tão limitados que ele não conseguia manter a natureza isolada e especial de seu estilo de vida. Quando a crise o atingiu, o corpo, as finanças, a carreira e os relacionamentos estavam em frangalhos.

Processos internos de estimação

Dentro de cada uma das nossas mitologias particulares existe um processo interno de estimação que acreditamos nos manter e aos nossos mitos em segurança. Todo mito também tem um medo principal e um desejo principal. Voltemos a Jeff:

Mitologia particular:	Sou especial.
Processo interno de estimação:	Qualquer coisa fora de mim é suspeita.
Principal medo:	Não sou suficientemente bom; não sou nada.
Principal desejo:	Ser amado e reconhecido por quem eu sou.

Quase sempre o mais fácil de identificar são o principal medo e o principal desejo. Ouça o que você diz e a disposição que expressa e, então, inverta. As frases prediletas de Jeff são "Sou apenas um cara normal" e "Não me importa se você concorda comigo". A disposição dele é de superioridade simpática. Nisso está a auto-ilusão.

Eis mais um exemplo:

Mitologia particular: Quem manda sou eu.

Processo interno de estimação:	Não estou satisfeito com os esforços dos outros, que sempre fracassam.
Principal medo:	Sou impotente.
Principal desejo:	Sentir-se uma pessoa ilustre.

E mais um:

Mitologia particular:	Sou responsável e independente.
Processo interno de estimação:	Não tenho necessidades; cuido dos outros.
Principal medo:	Aniquilação.
Principal desejo:	Ser dependente.

Quase sempre é mais fácil descobrir sua mitologia particular no modo como os outros o vêem e, especialmente, no modo como você era visto na infância: o prestativo, o chefe, a criança prodígio, o frágil, o sensível, o artístico.

A crise, constantemente, ataca nossa mitologia particular, se não a ameaça em seu núcleo. Jeff descobriu que não era tão especial a ponto de estar imune às regras da sociedade ou da vida. Felizmente para ele, poucos erros são irrevogáveis. Finalmente, conseguiu aceitar a ajuda dos amigos, que lhe ensinaram as regras e o ajudaram a obedecer. Nesse processo de curar a vida, ele também enfrentou seu principal medo ou desejo. Sem ser "especial", em seu ego caótico, ele foi amado, acarinhado e abraçado.

Responda às seguintes perguntas:

- Qual era sua convicção mais forte acerca de si mesmo antes da crise?
- Qual é o seu lema, a frase que você usa quando suas convicções ou idéias são desafiadas?

- Qual é sua melhor qualidade?
- Qual é sua pior qualidade?

Agora brinque com as respostas. Inverta-as. Finja que são verdadeiras com relação a todos na sua vida, menos você. Finja que está sentado com você e que ambos estão competindo para saber quem é o mais _______ e o menos _______.

Peça aos amigos que respondam ao seu questionário mitológico por você.

- Qual é minha mitologia particular?
- Qual é o modo de lidar com o mundo mais constante para mim?
- Qual é meu maior medo?
- Qual é meu maior desejo?

Se acertarem o alvo, você saberá. Se errarem o alvo, você saberá. Aprenda a entender sua mitologia particular. Não levará um dia, e talvez seja um processo contínuo. Essa mitologia é o estilo de ser que você está abandonando para começar de novo. No passado, seu mito particular salvou-lhe a vida. Jeff teria sido destruído pela violência e pela negligência em casa se não tivesse insistido que era especial e procurasse vivências e formas de expressão singulares para sustentar o mito. Mas, assim como todos os entes vivos, nós crescemos, e os mitos, que antes nos serviam de combustível, podem agora nos aprisionar.

Contemple o que sua mitologia particular está lhe tirando. A mitologia particular de Jeff não o deixava usar o que construíra na vida para criar estabilidade, família, êxito e alegria. Ao ignorar a responsabilidade de sua criação, o que devia ser seu amparo — seu ótimo trabalho — dissolveu-se sob ele, oferecendo-lhe um trampolim como ponto de apoio para amadurecer, de maneira bem semelhante ao seu lar na infância.

- Se sua mitologia particular for a independência, você não recebe a nutrição de que precisa para amadurecer.
- Se sua mitologia particular é ser o chefe, você não recebe o reconhecimento de que precisa para descobrir sua verdadeira força.
- Se estiver em crise, seu velho mito não está mais funcionando e está na hora de ler a história, escrever "fim" e começar outra e mais agradável na vida.

Sua mitologia particular pode ser otimista demais (os tipos denegadores) ou ter excesso de autocomiseração (tipos coléricos) e não ser representativa da sua vida — como alguém com uma bela mitologia particular a quem faltem os elementos essenciais na vida: amor, dinheiro, satisfação profissional, saúde etc. Se sua mitologia particular o tipifica como Madre Teresa de Calcutá ou Satanás, talvez você precise conversar com alguém para obter certa perspectiva. Você precisa procurar saber se sua mitologia particular combina com sua vida.

Modificar sua mitologia particular

Quando decide, de maneira consciente e corajosa, fazer um luto e seguir em frente, você reescreve sua história, não só para si mesmo, mas também para os que estão ao seu redor.

O ator que poderia interpretar o papel de pai crítico pode agora, porque você reescreveu seu drama compartilhado, fazer o papel de aliado inspirador. Seu ex-cônjuge, que o rejeitou, pode interpretar o papel de ajudante com seu filho, ou guardar para você as recordações que você não quer mais guardar, mas que quer lembrar de vez em quando. Seu chefe pode passar de patrão irracional, imprestável, a professor e aliado potente. Tudo porque você redefiniu sua história pessoal, sua mitologia particular.

Este é o momento de reescrever conscientemente sua mitologia particular. Costumamos criar com o que fomos. Duvido que você crie a partir do que *escolhe* ser. O momento de crise é o ideal para reescrever sua mitologia particular. Você está em um momento entre o fim de uma história e o início de outra. Pode escolher continuar o tema antigo (como já fez tantas vezes), ou reescrever a história, começando agora mesmo, e, ao fazê-lo, curar todos os aspectos do seu futuro.

Nova mitologia particular de Jeff:	Tenho algo a oferecer ao mundo. Minha voz tem de ser ouvida.
Processo interno de estimação:	Cuidar dos pormenores que sustentam minha criação. Segurança.
Principal medo:	Fracasso.
Principal desejo:	Ser reconhecido.

Um dia esse mito também se tornará obsoleto para Jeff, mas só depois que ele realizar seu objetivo.

A saga de Jeff tem um *post-scriptum*. O dentista achou um abscesso no dente dele que acreditava existir havia mais de dez anos. Tratou-o, e o cansaço e a irascibilidade de Jeff diminuíram consideravelmente. A empresa de Jeff está indo muito bem, e ele vai constituir família com a mulher que ama. De vez em quando, Jeff se aborrece por ter de lidar com refeições normais, impostos, malhação e visitas ao médico e ao dentista, como todos nós. Ele se lembra, então, de olhar ao redor na vida e dar valor ao alicerce do lar, da família e do êxito que esses esforços lhe trouxeram.

Se você for do tipo colérico, que acredita receber ingratidão ou rejeição em troca dos seus maiores empenhos, reserve-os só para si mesmo ou para quando simplesmente quiser, mas controle a raiva. Se for do tipo depressivo, cuja mitologia particular acha a vida um fardo pesado demais, procure algo pequeno que consiga dominar e que possa dar-lhe esperança (subir um lance de escada, sair para tomar café fora todas as manhãs, passar batom).

A mitologia particular do tipo colérico pode ser assim: trabalho feito um condenado dia após dia e quando chego em casa nada está como preciso que esteja. Meus filhos são ingratos, minha mulher é indiferente e o meu chefe é um feitor de escravos.

Uma nova mitologia poderia ser: procuro meu próprio contentamento. O que faço na vida é por mim mesmo, embora sempre haja concessões, porém acabo me saindo bem. Minha paixão, quando se torna excessiva, está direcionada para atividades físicas e para o trabalho, o que me deixa saudável, bonitão e bem-sucedido. Minha energia é invejada por todos. Eu me valorizo e, por isso, acabo cercado de gente que me admira.

Exercício: Como reescrever sua mitologia particular

Reserve um minuto agora mesmo para se tornar consciente da sua história, a que você vai abandonar — ou talvez a que lhe foi tirada. Para chegar ao âmago da sua essência, reduza a história a uma única frase. Mulher sofredora dá tudo por amor. Menino pobre faz o bem. Mulher brilhante incompreendida e não reconhecida pelo mundo.

Essa história de uma frase será uma enorme supersimplificação, é claro, mas dirá muito a respeito de quais vivências você escolhe para se definir.

Agora escreva uma nova história de uma frase: desta vez, componha conscientemente uma história da vida que quer viver, sobre o eu que deseja tornar-se. Amante apaixonada realiza seus sonhos. Homem de sorte tem o toque de Midas em Wall Street. Homem brilhante distribui idéias brilhantes em um mundo receptivo.

Peça a seus bons amigos que façam breves descrições de você. Às vezes, é a perspectiva de um amigo que faz com que vejamos a nós mesmos com clareza.

Quando terminar a história atualizada, experimente interpretá-la — viver essa história. Talvez não seja fácil viver sua nova história. Talvez você tenha dificuldade para achar energia suficiente para levantar-se do sofá, ou mesmo para pôr um pé adiante do outro. Nesse caso, *finja* que está personificando a nova história. Você vai perceber mudanças imediatas e drásticas em sua vida.

Lembra-se do caso que contei a respeito do cientista Niels Bohr e da ferradura da sorte pendurada na porta dele? Não é preciso *acreditar* na nova história para que ela dê certo: basta fingir.

Reescrever sua história não vai alterar sua noção de si mesmo e de identidade da noite para o dia, mas vai iniciar o processo. Os psicólogos sabem que agimos de maneira compatível com nossa auto-imagem. Ao simplesmente reescrever sua história você vai começar — em pequena escala no início — a agir de modo coerente com o que escreveu.

Seu *habeas corpus*

Você não é prisioneiro dos seus hábitos. Em geral, o inimigo externo, uma pessoa ou a situação, não é, de fato, o inimigo. O inimigo é alguém ou algo que o impede de superar a crise até chegar a um recomeço, ou alonga a duração da sua viagem.

Todos estamos propensos a ter os mesmos problemas, tropeçar nos mesmos buracos em todas as situações. Recriamos o mesmo roteiro incessantemente — até que o resolvemos. É assim que o subconsciente trabalha. Voltamos à mesma situação quando não reconhecemos a dinâmica que você atrai e não trabalha para alterá-la. A crise nos dá a oportunidade de criar novos relacionamentos que nos sustentem e de realizar mudanças já existentes.

É óbvio que não existem dois relacionamentos ou situações idênticos, mas quase sempre têm qualidades semelhantes, começam e terminam de determinada maneira. Por exemplo, talvez todos os nossos relacionamentos envolvam cuidar da outra pessoa e não atender às nossas necessidades. Ou, talvez, comecem todos de maneira intensa e terminem com os dois envolvidos perdendo o interesse mútuo. Se tivesse de criar uma frase sobre o que acontece em todos os seus relacionamentos, qual seria?

Veja como interromper esse ciclo pela última vez e manter os carcereiros longe da sua vida:

1) Reconheça o padrão dos relacionamentos passados.
2) Mude esse padrão, de maneira elegante, nos relacionamentos atuais.
3) Esteja atento ao seu padrão em todos os relacionamentos.
4) Assuma a responsabilidade pelo fato de não ser vítima do seu padrão. Você atendeu às suas necessidades (embora de maneira insalubre ou inconsciente) nos relacionamentos que atraiu. Reconheça essas necessidades e atenda-as de outras maneiras.

Tocou demais o mesmo disco. Está na hora de procurar outro.

Exercício: Consultar seu guia interior

Este poderoso exercício o ajudará a reescrever sua nova mitologia durante o sono e carregar seu poder e sua eficácia para dentro da sua vida.

Uma das coisas que aprendi nos muitos anos de trabalho como intuitiva praticante é que cada um de nós tem sabedoria para encontrar o próprio caminho. Algumas vezes estamos mais próximos desse guia interior do que outras; de vez em quando conseguimos ouvir a voz dele conscientemente. Em momentos de mudança, precisamos com urgência da clareza e da certeza que nossa intuição traz.

Nossos pensamentos podem estar conflitados, desorganizados, desesperados, paranóicos e muitas outras coisas, mas a intuição nos permite passar da desordem à clareza. Quando pensamos nas criancinhas que sobrevivem na guerra e encontram comida, abrigo, comunidade, vemos o poder da orientação intuitiva.

Pratique todas as noites o exercício a seguir, que o ajudará a ser orientado pela parte de você que é concreta, sã e integral. Este exercício deve ser feito antes de dormir e só leva um instante. Se tiver um dia especialmente difícil, também pode fazer este exercício e tirar um cochilo rápido para restaurar o foco intuitivo e a programação interna, a fim de se manter no caminho certo.

Dormir é um momento maravilhoso para o trabalho da intuição e do subconsciente. A percepção e os cinco sentidos, que se envolvem durante o dia na avaliação do ambiente, ficam livres durante o sono para tratar das complexidades da sua vida. Enquanto dorme, você vivencia e integra as mudanças que realizou durante as horas de vigília. Também é possível pesquisar os dados do seu mundo à procura das informações e do apoio necessários à criação do seu objetivo.

Para fazer este exercício, primeiro, é preciso procurar um objeto que sempre carregue consigo. Pode ser uma jóia, a carteira, o celular, as chaves, qualquer coisa que esteja sempre com você.

Antes de dormir, segure esse objeto e declare seu objetivo. Depois, ponha o objeto em algum lugar que esteja ao seu alcance, ou no seu corpo, para que durante a noite, se quiser, sinta sua presença.

Repito: não se preocupe se não souber como viabilizar sua meta, nem mesmo se o seu único objetivo no momento for sentir-se melhor, ou simplesmente sair da presente situação. A clareza virá com o tempo.

Se puder, use os sentidos para perceber o objetivo como se já o tivesse alcançado. Sinta, saboreie, cheire, veja (dentro de si mesmo e ao redor), ouça, saiba que seu objetivo já se realizou. Não se prenda a detalhes.

Sempre que fizer este exercício, a sensação vai mudar, dependendo do humor, do dia, das idéias que sua intuição teve na noite passada, e da maturidade alcançada pelo subconsciente nesse processo. Não se deixe abalar com os obstáculos para o alcance da meta que surgirem em seus pensamentos e sensações. A menos que esteja em denegação total, você terá uma idéia, sempre que fizer este exercício, de todos os motivos que fazem com que a intuição não aconteça. Vai perceber todas as dúvidas armazenadas nos arquivos da memória e do subconsciente.

Acredite: essas dúvidas são benéficas. Vai trabalhar essas questões enquanto dorme e acordará com maior clareza. Ao trafegar pela crise rumo à meta, vai descobrir que há cada vez menos interferências quando faz este exercício. Quando não houver nenhuma, terá atingido o objetivo.

Durante a noite, sua intuição vai procurar as melhores atitudes no mundo enquanto o subconsciente trabalha nos seus padrões para poder tomar tais providências, agir e reagir com êxito. O objeto vai agir como interruptor da sua intuição durante as horas ativas de vigília. Você estará condicionado, de certa maneira hipnotizado, para entrar num estado produtivo, intuitivo, alerta, quando tocar no objeto. Se tiver de tomar decisões ou reagir rapidamente, você se surpreenderá automaticamente tocando o objeto; quando o fizer, terá uma sensação de clareza e orientação.

Os resultados deste exercício não são mágicos. Somos criaturas de chaves e padrões, e o elemento essencial da flexibilidade é criar chaves fortes que acionem padrões fortes e positivos. Esse objeto não é um amuleto insubstituível. Caso o perca, pode criar outra chave padronizando-se com outro objeto. Você pode criar sua própria sorte, pisar firme no caminho da fortuna. Este exercício fará com que a melhor escolha faça parte do seu padrão subconsciente cotidiano e, um dia depois do outro, você encontrará sua nova vida.

9

Decidir quem você quer ser

Fazer um corte final

Durante a transição para a vida que está criando você vem digerindo aos poucos as perdas da crise. As pesquisas indicam que o processamento contínuo da crise acaba por fazer mal, obrigando o cérebro a reviver constantemente o trauma inicial. Programe momentos de introspecção e atividades que os acompanhem para assimilação.

Crise é contagiosa. Saúde também. Conheça os tipos de reação das pessoas com quem vive e trabalha. Repare nos tipos de reação da sua família mais próxima e os modos como o seu tipo pode ter sofrido influências dela, e talvez ainda sofra. As famílias são excelentes professoras. Convivemos com famílias durante muito tempo, em várias etapas de evolução e revolução.

Quando conhecemos os tipos, podemos reagir àqueles que nos são próximos de maneiras afirmativas e curativas. Podemos manter relacionamentos saudáveis, dinâmicos, apaixonados, e ultrapassar os muitos obstáculos que a vida sempre oferece. Podemos ensinar nossos filhos a ser flexíveis e a honrar suas reações e dons singulares, dando-lhes, ao mesmo tempo, as ferramentas para prosperar e ajudar outros a fazer o mesmo. Todos somos curandeiros no processo de cura. A percepção e os vínculos são os elementos que ativam a alquimia da mudança.

Teste de realidade

Quando olhamos para um ponto na parede durante muito tempo, ele começa a se distorcer. Olhe para algo e repare na distorção.

Na sua situação atual, onde está preso seu foco? O que acha que se distorceu no seu pensamento e no seu comportamento em razão disso? Em que você poderia concentrar-se para aumentar seu poder na construção da sua nova vida?

Neste ponto da sua jornada, os núcleos saudáveis dos tipos de reação se unem para ajudá-lo a criar o encerramento definitivo da crise que você deixou para trás. Agora servem para proteger a nova vida que você criou e ajudar você e sua vida a ser adaptáveis às mudanças futuras. Agora você pode usar a energia da ira, da ansiedade, da depressão e da denegação em suas encarnações saudáveis, afirmativas da vida, sem se constranger.

Esses elementos de proteção, uma vez aprendidos, amenizarão os danos de quaisquer ataques semelhantes no futuro. Cada tipo de reação tem um estado de lesão, um estado de graça e um estado de funcionamento. O estado de lesão é a reação automática, habitual, a qualquer ameaça ou perda. O estado de graça é o dom singular que lhe traz o trato consciente com a cura da lesão. O estado de funcionamento é a parte de cada tipo de que todos precisamos para sobreviver e prosperar, e que cria, protege e reconstrói nosso ego.

Parte da tarefa da crise é enfrentar não só os obstáculos atuais, mas também os desafios mais traiçoeiros que o levaram a essa situação. O desafio da crise é evolução, chegar a um novo estado do ser, mais eficiente e mais alegre. Podemos usar o núcleo positivo dos quatro tipos para proteger nosso bem-estar, prever e orientar a mudança e viver conscientemente no presente.

- Usando o núcleo positivo da denegação afastamos quaisquer aspectos indigestos da crise: o que não pode ser processado e o que talvez não sirva para nosso processamento. Algumas agressões ao nosso ego não devem, e não podem, ser entendidas, e é preciso deixar para trás e dissolver essas perdas lançando mão do núcleo positivo da denegação.
- Usando o núcleo positivo da depressão, agora deixamos de lutar contra a perda e nos permitimos mergulhar no nosso novo ego, na nossa nova vida e no nosso novo mundo. Conseguimos liberar o caminho para onde nossa energia foi orientada no passado e nos instalar totalmente no presente.
- Usando o núcleo positivo da ansiedade hesitamos apropriadamente ao deparar com situações que nos possam prejudicar ou nos arrastar de volta à crise que estamos deixando para trás. Somos capazes de usar intuitivamente a sensação de medo para nos impedir de recair em antigos comportamentos e relacionamentos, ou de nos envolver em situações que possam provocar sofrimento.
- Usando o núcleo positivo da raiva, recusamos que nos machuquem como no passado. Criamos os devidos li-

mites nos pontos onde talvez hesitássemos em criá-los antigamente. Quando traímos a nós mesmos não nos protegendo apropriadamente, sentimos raiva.

Mark Twain nos aconselhou, quando estamos com raiva, a contar até dez devagar — e só então xingar. Twain estava brincando, é claro, mas todo grande humor se baseia em uma verdade profunda. Nossas emoções têm, todas, funções positivas no nosso ser humano, mas devemos dominá-las e não permitir que nos dominem. Somos capazes de fazer escolhas que nutrem e protegem nossa vida.

Ninguém é obrigado a crer em si mesmo. Às vezes, isso é uma tarefa impossível. É preciso simplesmente pôr um pé à frente do outro e dar-se tempo, espaço, habilidades e perdão para voltar a encontrar a direção certa.

Criar seu futuro

Até este ponto, você esteve removendo os obstáculos ao seu ego em evolução. Está lidando com um novo conjunto de realidades, dificuldades, percepções e modos de ser. Tem havido pouco tempo, energia, espaço para definir novas metas ou sonhar com uma nova vida.

A boa notícia é que, por mais perdido que você se sinta, já está na metade do caminho. A energia que empregou para reestruturar-se e reorientar-se no seu novo mundo já o aproximou muito mais do nascimento do seu novo ego.

Minha frase favorita de *Grist for the Mill*, de Ram Dass, é: "A dor do nascimento é a dor da morte e a dor da morte é a dor do nascimento." Ao mesmo tempo em que está se libertando da antiga vida, você constrói a nova.

Quando se concentra na crise, toda sua energia vai para aquilo de que você quer se afastar. Releia a frase anterior. Você — e você é sua energia e seu foco — se dirige àquilo de que quer se *afastar*. É preciso dirigir-se àquilo que você quer criar, mesmo que ainda não saiba o que é, e lidar com aquilo de que deseja se afastar nesse ínterim.

A crise costuma cair sobre nós sem convite. A mente consciente é surpreendida. O subconsciente precisa saber por que deveria construir algo novo quando tudo é tão vulnerável à mudança e à perda. A resposta óbvia é que a vida deve continuar. Para a alma que sofre, porém, esse truísmo não consegue nos motivar completamente. Nós, contudo, precisamos nos empenhar com todos os nossos recursos no potente ato da criação.

Curar o futuro

Podemos curar o futuro porque o estamos criando agora, neste momento. Talvez seja mais fácil curar o futuro, onde ainda existem possibilidades infinitas, do que curar o passado. Costumamos nos concentrar nas perdas e nos erros, e despender quantidades exorbitantes e insalubres de energia em "e se" ou "se ao menos", quando o que era não existe mais. É o combustível do futuro.

Isso não quer dizer que não seja possível curar as feridas do passado. Com técnicas como o diálogo intuitivo fazemos exatamente isso. O foco, porém, é o momento atual — no que resta e no que está criando, por opção, agora.

É comum ficarmos presos ao passado porque imaginamos que nosso poder, nosso amor, nossa beleza, nossa fortuna, residem nele. Nós nos apegamos a essas recordações como se, por puro desejo e remorso, pudéssemos ressuscitá-las. Sentimo-nos impotentes para criar o que perdemos de novo na vida. E é isso mesmo. Não podemos recriar o passado, pelo menos porque nós mesmos mudamos.

Podemos, porém, criar no futuro tudo o que valorizamos em nós e o mundo que estivera perdido para nós. Será diferente. Incrivelmente, será mais potente, comovente e satisfatório do que qualquer coisa que possamos imaginar agora porque optamos por crescer (ou talvez o mundo tenha feito a escolha por nós). Posso afirmar isso com certeza absoluta. Você não estaria com este livro nas mãos agora se isso não fosse verdade — mesmo que você argumente que o livro estava na mesa e você o tenha apanhado por acaso, sem fazer uma escolha consciente. Eu diria que sempre fazemos escolhas, conscientes ou não do que fui escolhido. Você escolheu criar e curar seu futuro aqui e agora.

Nosso sonhos mais satisfatórios são os que nós *criamos* — não aqueles a que nos apegamos.

E se você pudesse largar todos os erros, injustiças, doenças e tristezas dentro de uma mala na calçada e ir embora? Nem teria de "recomeçar", poderia simplesmente estar renovado e pronto para criar qualquer coisa que quisesse e aproveitar todas as oportunidades que a vida tem a oferecer. Poderia parecer estranho, solitário, vulnerável e talvez até desleal. Estaria, porém, livre para criar e experimentar qualquer coisa, até uma versão melhor do que acaba de deixar para trás.

Sabe quanto tempo gasta carregando essa mala todo dia, lembrando-se do que ela contém ou, pior, tropeçando numa peça caída da mala no exato momento em que poderia se divertir ou dizer sim a uma situação que normalmente não combinaria com a bagagem?

Agora mesmo, neste momento, você está criando o que vem a seguir. Pode até modificar este momento enquanto o vive. Pode ficar mais à vontade, pegar um travesseiro, pedir comida, procurar um pensamento bom e esperançoso, e pôr em prática. Pode telefonar para alguém que o faça sentir-se bem, ou fazer algo que vem adiando há dias, semanas ou meses.

Você não está amarrado a quem tem sido até este momento. Não está condenado a suportar os elementos da vida que o desagradam. Sua história, sua situação atual é algo que você tem percepção e capacidade não só para mudar, mas também para se afastar. Você tem algumas opções agora mesmo, neste momento. Pode continuar no padrão que seguiu até aqui.

Já ouço suas perguntas. E se eu tiver uma doença crônica? E se eu perdi todo o meu dinheiro? E se o meu marido acaba de pedir o divórcio? E se eu tive uma infância traumática e estou tão prejudicada que não consigo nada de sólido na vida?

Tudo isso são coisas que você tolerou até este momento. Você está se definindo por meio dessas situações que aconteceram com você e talvez estejam acontecendo agora, mas elas não são você. Contanto que repita que isso é verdade, poderá mudar tudo agora mesmo. Se estiver doente, opte por não viver a vida como uma pessoa doente, mas como uma pessoa saudável com uma doença, da qual vai se afastar. Não se apegue ao dinheiro, ao emprego nem ao amor que já perdeu. Use essas mesmas mãos para abraçar o presente e alcançar o futuro.

Suas opções são limitadas ou infinitas, dependendo da sua perspectiva. Nos muitos anos que levei lecionando meu último livro, *The Circle*, a milhares de pessoas, tive contato com vidas que pareciam destruídas, achavam que era tarde demais ou em situações piores; vidas que nunca tinham chegado a acontecer. Muitas dessas vidas foram criadas de novo com uma simples mudança de perspectiva e com a forte reorientação da energia e dos recursos que essa mudança gera.

Exercício: Atrair o futuro

Perceba ou não, você está a caminho de dominar a situação atual e criar uma vida nova. Isso não significa que o caminho esteja livre daqui para a frente. Quer dizer que se você seguir, mesmo que imperfeitos, os passos que deu até aqui, descobrirá que o seu mundo está mudando para melhor e de maneiras que o surpreenderão e renovarão sua fé na vida e em si mesmo. Você vai recordar esse momento decisivo da sua vida, o ponto em que começou a dominar a si mesmo e a criar seu futuro.

Às vezes, parece que quase atingimos a situação *perfeita*. Conhecemos o parceiro ideal. Ou encontramos o emprego que "faz" sua carreira. Ou investimos nas ações certas.

De fato, esses "momentos" foram planejados e preparados pelo subconsciente muito antes que você "caísse" dentro deles. Há muitas situações perfeitas que você está deixando para trás nesse momento (não se preocupe, sempre há outras oportunidades) por não estar preparado para atrair, reconhecer ou aceitar. Você ainda não é a pessoa que consegue conectar-se à sua "situação perfeita". Felizmente, estamos prestes a mudar isso agora, pois vamos curar seu futuro.

Ao ler o próximo parágrafo, siga as minhas instruções, ao mesmo tempo, com a imaginação. Talvez você veja o que imagina, ou sente, ouve, percebe de algum outro modo. Não julgue a perfeição da sua imaginação; simplesmente siga-a. Pode ser que não sinta nada. Não se preocupe; o subconsciente está trabalhando, mesmo quando você não percebe.

Nas primeiras vezes em que fizer este exercício, não faça anotações nem tente gravar na memória o que está vivendo. Quando se acostumar, você poderá praticá-lo sem interferência da mente consciente, e vai querer tomar notas, pois elas conterão informações valiosas sobre o seu futuro. Não se preocupe, as informações ficam armazenadas, de qualquer modo, naquele armário predileto e abarrotado: o subconsciente.

Reserve um momento em que não venha a ser interrompido. Prepare-se para as coisas que desviam a atenção: ruídos externos, telefone tocando, até seus próprios pensamentos. Esteja mentalmente preparado para deixar essas coisas acontecerem sem atingi-lo.

Procure uma posição confortável, respire bem fundo e expire devagar. Repita essa respiração algumas vezes. Ao fazê-lo, diga a si mesmo que tudo o que aqui realizar, nesse momento, não atingirá só a você, mas ao mundo à sua volta. Você encontrará seu caminho, fará um mapa da sua jornada de amanhã. Não conseguirá alterar os fatos do momento. A sua vida, agora mesmo, é apenas como é, e você vai partir de um local de aceitação dessa realidade. Contudo, poderá conhecer gente nova, situações e pequenos acontecimentos afortunados que o levarão para o seu lar verdadeiro, real e ideal.

Quando estiver pronto, imagine-se andando por um caminho. Comece aqui e agora, mas, ao caminhar, os pés o levarão ao local exato onde você precisa estar. Você não precisa saber aonde vai. Chegará lá, haja o que houver, porque é, como sempre foi, seu verdadeiro destino.

Ao caminhar, repare nas pessoas que encontra e nos fatos que presencia. Não precisa guardá-los na memória, apenas perceba o que sucede ao seu redor e como esses acontecimentos o modificam na sua jornada. Ao percorrer o caminho, você talvez encontre coisas ou ganhe poderes que o capacitem a viajar com mais facilidade e conforto. Pode pegar e carregar qualquer coisa que achar pelo caminho.

Talvez perceba que, ao exalar, libera suas expectativas e confusões do passado. Pode ter uma sensação de leveza na mente, no corpo e no espírito. Está se esvaziando, mas, não obstante, também está cheio da sua própria conexão divina, da sua verdadeira ligação com tudo o que existe ao redor.

Ao sentir a força dessa energia, percebe que está se aproximando do destino. Agora chegou.

Não precisa saber onde está. Basta saber que chegou e que é exatamente aí que precisava estar. Está em casa no sentido mais potente e requintado da palavra, e aqui você é, de fato, o seu eu mais poderoso e alegre. Tudo aquilo de que precisa está à sua volta, e você tem todas as qualidades que essa situação requer.

Agora entende o passado e o que ele lhe ensinou a fim de capacitá-lo para chegar a esse momento maravilhoso, perfeito. O passado é uma pedra preciosa que você tem nas mãos. Não está mais com você, mas é algo que você ainda possui, para usar nesse momento, agora.

Esteja totalmente presente nesse momento de plenitude, de chegada, e saiba que acaba de traçar o caminho rumo ao destino perfeito. Mesmo que, nesse momento, não consiga sentir, ver, nem entender onde está, a parte que orienta e define sua vida agora sabe para onde ir. Você descobrirá que sua parte instintiva — aquela que caminha corretamente, mesmo quando você não tem um entendimento consciente — vai prepará-lo para encontrar os momentos perfeitos que está desenhando para si, com perfeição. A sensação de estar preparado, sua própria sabedoria, lhe dará a capacidade de caminhar com certeza e elegância em todos os momentos, todos os dias.

Sempre que fizer este exercício, você criará um futuro novo e potente para si mesmo. Além disso, sua intuição e o subconsciente "olham para a frente", na direção de quaisquer situações difíceis que possam surgir, e o preparam para procurar as ferramentas adequadas para lidar com elas, ou evitá-las antecipadamente.

Depois de algum tempo, talvez você obtenha informações precisas e valiosas sobre o seu futuro com este exercício. Depois do exercício, escreva os detalhes de que se lembrar. A maior prova da intuição ocorre quando você, você mesmo, recebe dados precisos do futuro e tem provas documentais de que esses dados lhe chegaram antes do evento. Documentar é importante porque, quando sabe que tem a capacidade de prever e usar essa previsão para modificar resultados, você a usa de maneira mais potente na vida.

O objetivo deste exercício, contudo, não é memorizar os dados recebidos, mas, pelo contrário, permitir que a intuição reprograme o subconsciente para o êxito. Caso não se lembre de nada, respeite esse fato como processo singular e saiba que o exercício está funcionando assim mesmo.

Nas primeiras vezes em que fizer este exercício, talvez perceba que seu foco está mais em trazer de volta algo que perdeu do que em permitir que algo novo se apresente. Isso vai mudar com a repetição do exercício e conforme a intuição o orientar rumo às maiores possibilidades que existem para você, além de reconhecer o que não mais existe em sua vida. Talvez você se surpreenda trazendo de volta acontecimentos do passado de diversas maneiras, porém maneiras que são possíveis e práticas para o futuro.

Depois de praticar este exercício algumas vezes, ele vai durar menos de um minuto. É útil praticá-lo algumas vezes por dia, pois também o ajudará a preparar-se para as vivências cotidianas, bem como para reorientá-las. E a sensação será diferente a cada vez que fizer o exercício. Se não for assim, será porque você está anulando sua capacidade interior de criar e orientar a energia a favor de um padrão de afirmação. Se isso acontecer, basta trocar um único elemento de como e onde você faz este exercício. Pratique-o no chuveiro, no trem, acrescente música (troque de música após algumas sessões), sente-se em outro lugar, faça algo, qualquer coisa, de outra maneira para romper com o padrão. Ao romper com o padrão, você se presenteia com a inovação.

Uma boa vida não é fácil. Requer atos diários de adaptação, coragem e amor. Uma das frases favoritas do meu agente é "Não é fácil ser fácil!".

Você pode dirigir o foco para o trabalho com o passado. Ou decidir ser simplesmente diferente, atrair outras vivências e fazer outras escolhas a partir de agora. Vai resolver o passado recusando-se a permitir que ele controle o presente. Esse compromisso em si lhe trará à consciência as partes pertinentes do passo para inspeção e resolução.

Agora mesmo, neste momento, decida o que vai criar. Não precisa ser a coisa inteira. Pode, agora, ser um simples detalhe, como a capacidade de respirar sem sentir dor ou de ter dinheiro suficiente para pagar o aluguel. Saiba que, quando decide, começa a criar, pois os recursos se dirigem a tal objetivo.

Não é preciso acreditar no que vou dizer no próximo item. Os métodos contidos neste livro que se baseiam nesse conceito funcionam, quer você acredite ou não. Sempre desconfio de coisas que exigem crença. Se algo funciona, tem de funcionar seja qual for sua "fé" na eficácia. Contanto que você pratique, com ou sem fé, essas verdades vão mudar sua vida. Então, talvez, se lhe forem úteis, você acreditará.

A energia nos liga a tudo à nossa volta. Enviamos novos sinais e atraímos novas informações e vivências. Quando deslocamos um pouquinho a percepção, conforme descrevi anteriormente, as mudanças na vida são drásticas. Experimente agora. Decida que vai criar uma nova realidade agora. O passado ficou para trás e, quando surge, sua finalidade é lhe transmitir maior entendimento de como agir no futuro.

Ao contrário da experiência dos três Rs, suas rotinas e recordações estão acessíveis agora mesmo, só para informá-lo melhor acerca das suas opções em movimento para a frente. Ao viver de outra maneira, neste momento, você cura o futuro. É simples. Poderoso. Esta verdade vai se revelar a você.

Você pode largar algo ou alguém, e fazer com que volte de um novo modo. Na verdade, esse é o único caminho de volta. Algo que está no passado é, por definição, findo. O futuro é, por definição, algo que você está criando agora.

Quem você quer ser?

Hoje, agora mesmo, neste momento, ao ler esta frase, você está criando seu próximo momento. Seu modo de respirar, seus pensamentos, o lugar para onde sua intuição viaja, seu modo de sentar, tudo o que faz e tudo o que você é prediz o que você *se tornará.*

A vida poderosa é aquela vivenciada hoje e que cria o amanhã com direção e intenção.

Quem é você? Passamos o livro inteiro retornando a esta pergunta.

Se precisasse descrever-se para alguém que precisasse do "você verdadeiro", o que diria?

Escreva algumas frases ou alguns parágrafos sobre si mesmo. Se estiver em crise ou passando por uma grande mudança, escreva sobre quem você era antes do transtorno.

Eis alguns exemplos:

- Sou mãe de dois filhos. Passo a maior parte do tempo em atividades que os ajudem a serem adultos bem-sucedidos e felizes. Gosto de pintar e espero um dia fazer disso minha profissão. Não sou tão organizada quanto gostaria de ser e quase sempre largo tarefas importantes pela metade. Sou uma anfitriã calorosa e meus amigos adoram estar na minha casa.
- Tenho uma pequena, porém bem-sucedida, imobiliária, que eu mesma fundei. Sou excelente em combinar pessoas com moradias. Adoro minha casa e sempre re-

cebo visitas. Comecei a dar meus primeiros passos em decoração de interiores. Fui criada no Centro-Oeste e gosto da vida na cidade grande.

- Sou uma mulher jovem e bonita. Minha beleza física é fonte de poder e de prazer, mas também é fonte de sofrimentos. Este ano vou fazer 30 anos. Estou em ótima forma e tenho tantos sonhos que é difícil escolher só um. Quero constituir família, mas sempre me apaixono e me desapaixono em poucos meses, e não consigo decidir com quem quero formar essa família.

Tenho certeza de que, ao olhar para estas descrições, você pensa em centenas de coisas que poderiam modificar essas manifestações externas do ego.

Consultar sua comunidade interior

Neste exato momento você está escolhendo quem quer ser. Precisa iniciar um diálogo consciente com sua comunidade interior.

Você não é um todo concreto, coeso, monolítico. É um ser humano e, como tal, contém uma comunidade interior. Muitas maneiras de ser, perceber, decidir e reagir se unem em uma assombrosa unidade para criar cada reação e resposta que temos.

Como vimos no teste do início do livro, nossa comunidade interior contém o seguinte:

- o você que reage
- o você que baseia os sentimentos e as reações em vivências que podem ou não representar a situação atual

- o você intelectual que tem dados, estatísticas, conhece histórias de outras pessoas e tem todos os outros tipos de conhecimento, que podem ou não estar corretos, sobre sua vivência atual
- o você transcendente que consegue enxergar a situação em perspectiva, sem paixão, e avaliá-la sem juízo nem emoção no contexto do panorama geral da vida
- o você idealista que deseja tanto que fosse diferente que dói, e o você pessimista que esperava o pior e está chocado por estar ainda de pé
- o você intuitivo que tem noção do que virá no futuro e entende a perspectiva de todas as outras pessoas

Existem muito mais vocês não enumerados aqui. Com tantos vocês para interagir na comunidade interior, como criar uma unidade de pensamento, sentimento e ação para realizar mudanças? Faça uma lista de quem está na sua comunidade interior. O cético, a princesa, o terapeuta, a criança assustada, o trator. Faça uma rápida viagem da primeira infância ao presente e observe algumas das pessoas que encontrar dentro de si mesmo.

- Quem tem a voz mais forte?
- Quem você tem medo de ouvir?
- Quem o envolveu em encrencas no passado?
- Quem o consola?

Todos os habitantes da sua comunidade interior têm participação em tudo o que você faz. A hierarquia, porém, muda segundo os objetivos, a vontade, a saúde e a percepção. Você quer que a comunidade interior se organize ao redor dos seus objetivos positivos e não ao redor dos seus temores e impulsos destrutivos.

Para realizar isso, você precisa dominar o mais impulsivo, mais inconsciente do grupo, como fez no início deste livro, ao trabalhar com o seu tipo de reação. Sem dominar o você impulsivo é difícil criar as vivências positivas que o ensinarão a confiar automaticamente nos outros habitantes da sua comunidade interior. A primeira e principal tarefa é sempre cuidar do seu tipo de reação. Você fica, então, livre para cuidar da comunidade interior de maneira atenta, consciente e positiva.

- Qual é seu sonho positivo?
- Quem, na sua comunidade, pode ajudá-lo a criar seu sonho?
- Quem atrapalha?

Agora você pode ignorar esses vocês que o atrapalham. Não é que você possa simplesmente "expulsá-los". É preciso ouvir o que eles precisam dos outros vocês para poder confiá-los à comunidade. Esse diálogo exigirá muito esforço. Sou escritora e, portanto, adoro pôr tudo no papel. Experimente anotar as conversas que tem com os diversos vocês, pois a vantagem é que você pode voltar a ler e ver como foi brilhante, mesmo nos piores momentos.

Você também pode fazê-lo em voz alta, para si mesmo, com um amigo, fazendo desenhos das pessoas e das interações. Use qualquer coisa que funcione para você. O importante é não apenas se comunicar com seus múltiplos egos, mas também, indo em frente, ser capaz de manter a percepção desses egos.

Converse consigo mesmo, talvez não na rua, talvez não em público, mas fale consigo mesmo e ouça. Você tem as respostas. Não existe nenhum "chutômetro" nisso. Sua comunidade interior lhe dirá o que você precisa. Como agir, quais ferramentas você tem, mas esqueceu ou nunca lhe foram apresentadas, e uma infinidade de outras coisas, se criar tempo e espaço para ouvir.

Não se esqueça de que a percepção é tudo. Todos temos o poder de usar a percepção para gerar mudanças. Mesmo sem esforço, a simples percepção de quem, dentro de nós, pode nos guiar rumo à segurança já cria a opção automática de ouvir essa voz e seguir seus conselhos.

As coisas são pontes entre o mundo invisível e o mundo que criamos na nossa vida, na Terra, na "realidade". Quando você extrai uma idéia ou conceito da imaginação e a aplica no mundo, criando-a de algum modo tangível, é um mapa poderosíssimo para o subconsciente, a intuição, o intelecto e, talvez, para a mobilização da energia do universo ao seu redor.

Reserve um tempo todos os dias para fazer o que chamo, em *The Circle*, um "conto da realidade". Invente uma historinha daquilo que é sua vida ideal e movimente os elementos até que se encaixem. Devagar e sempre, você criará essa nova vida.

10

Religar-se ao seu ego original

É difícil olhar para uma criança e não pensar com saudade em uma época em que tínhamos a pureza e a inocência da infância. Grande parte do amadurecimento parece envolver a perda de contato com nossa pureza.

O real você — seu ego inocente, corajoso, ao nascer, aquele que você sempre esteve destinado a ser — não está perdido. Você se recusou a cortar essa parte especial de você de um modo que a danificaria e a escondeu dentro de si em segurança. Escondemos do mundo essa parte preciosa para protegê-la da ansiedade e dos danos. Pegamos o que realmente valorizamos e mantemos em segurança — sem perceber que, ao fazê-lo, também o escondemos de nós mesmos.

Só crianças raríssimas vivem uma vida abençoada e não esbarram com situações em que precisam esconder seu tesouro. Por baixo de todas as camadas de defesa, ele ainda está ali, intocado. Você fez questão, de qualquer maneira, de manter sua pureza original segura e intacta.

Notavelmente, a crise nos obriga a restabelecer contato com a parte perdida de nós mesmos. Precisamos de todos os nossos recursos para superar um grande transtorno na vida, e assim a crise se torna uma força positiva, transformadora, em nossa vida.

Embora essas defesas tenham mantido sua essência intacta ao longo das muitas situações da vida, você agora é forte o bastante para demoli-las. Está tão próximo, tendo chegado a este ponto — aqui, neste momento —, de encontrar o caminho de volta para o eu original e de trazê-lo à tona em toda a sua miraculosa glória para criar sua nova vida.

Quero contar uma história. Você encontrará a verdade dessa história na sua vivência com este livro, bem como as crises que administrou com êxito e transformou em passado.

Era uma vez uma criança: você. Essa criança pode ter tido pais perfeitos ou medonhos. Você pode ter nascido para ter uma vida segura ou violenta, disfuncional, ou em algum ponto entre uma e outra. Fosse quem fosse, estivesse onde estivesse, houve um ponto no início da sua vida quando você pegou as coisas que lhe eram mais preciosas no tocante a si mesmo e deu-lhes proteção e abrigo extras. Pode até ter escondido o que era de real valor para você e a seu respeito.

Você foi crescendo e sua blindagem se tornou mais estruturada, as pedras preciosas do eu penetraram ainda mais fundo dentro de você — tão fundo que até você se esqueceu de que estavam ali ou que um dia fizeram parte de você. Na maturidade, você quase sempre constrói sua vida sem o uso ou a percepção desses tesouros e anseios particulares.

Chega, então, a crise. Para sobreviver e evoluir você precisa mais de si mesmo do que já se permitira no passado. Precisa cavar fundo e, quando o faz, encontra, por mais insignificante ou desvalorizado que se sinta nesse momento, uma arca do tesouro que contém tudo o que você de fato estima e que você realmente é.

Se, nesse momento, der a si mesmo um suporte, conforme esboçamos neste livro, você conseguirá desenterrar alguns tesouros das profundezas de si mesmo, trazendo-os à sua vida consciente, ativa, adulta, para enriquecê-la e a você de um modo que já se esquecera de imaginar. Talentos, valores e coisas sem as quais você viveu a vida até hoje serão preservados nessa expedição. Na verdade, sem a crise você não precisaria mexer nesse baú para sobreviver intacto, e diminuiria a probabilidade de encontrar o que almeja realizar.

Para dedicar-se de corpo e alma a uma empreitada que lhe exige suportar sofrimento, perda, ou mesmo mudança, você precisa de algo de valor no final do desafio. Quando chegar ao fim desse desafio, terá criado uma vida mais maravilhosa do que tudo o que possa imaginar agora, vivida pelo ser humano mais precioso, útil e talentoso que você já conheceu. Terá aberto a arca do tesouro no qual escondeu seu mais sagrado eu. Terá encontrado o lar.

Se examinar suas crises anteriores, quase sempre descobrirá que conquistou um pedaço de si mesmo — sua felicidade e sua capacidade de obter o que você queria realmente do mundo — diretamente extraído dessa crise. Se não consegue encontrar essas recordações, este livro trata de criá-las agora.

Sim, a crise pode ser suficientemente grande para destruir, mas só se você não estiver disposto a largar o que já está perdido e seguir em frente, um passo de cada vez, rumo a uma nova realidade. Quanto mais empenhado e capaz estiver de fazer esse movimento para a frente, mais será criado na sua vida aquilo que você quer e necessita.

Seu eu inviolado

Algumas qualidades interiores, porém, não mudam nunca. Podem ser machucadas, enterradas, escondidas ou distorcidas de algum modo, mas sempre permanecem. Algumas dessas qualidades são a necessidade e a capacidade para fazer o seguinte:

- amar
- estimular
- perdoar
- sentir prazer
- conectar-se e compreender
- nutrir
- ter criatividade e criar
- motivar
- fazer descobertas
- curar e aliviar

Estas são algumas das suas necessidades e capacidades inalienáveis como ser humano. Você tem talento e é valorizado por uma ou mais coisas desta lista. São as constantes que permanecem durante a crise, e com as quais você construirá uma definição do ego e uma vida nova e mais autêntica.

Releia a lista e perceba onde você funciona nessas áreas. Essas são as sementes do seu futuro. A descrição que você vai montar com a lista servirá de possível indicador do novo você.

Essa descrição de como e por que você funciona está agora ao seu alcance. Você ainda não conhece a nova descrição, e a que você tem, se estiver em crise, é a descrição do estado de crise, não você. Agora você pode decidir quem se tornará. A cada momento você escolhe seu futuro. Tudo pode mudar neste momento, se você tiver as ferramentas de transformação.

Antes da sua crise, por exemplo, pode ter amparado outras pessoas dando a elas generosamente enquanto negava as próprias necessidades. A crise pode revolucionar seu modo de dar apoio. Talvez descubra que agora você ajuda mais com suas idéias do que com sua força física.

Talvez perceba que, durante a crise, não encontra saída para a conexão e a compreensão. Isso é coisa da sua crise, não é o verdadeiro você. Se isso fosse uma descrição sua antes da crise, talvez ela o leve a encontrar estradas secundárias que conduzam a relacionamentos interpessoais e outros apoios na vida.

As necessidades são poderosos motivadores. Você vai encontrá-las. O "você em crise" é você em estado de transformação. Este é o momento de optar por ser a pessoa que você quer ser e não a pessoa que surgiu simplesmente das influências da natureza e daqueles que o cercam.

Eu era a mais velha de quatro irmãos. Era uma criança boa, responsável, com uma mãe que era adorável, porém doente mental, e um pai que era um médico sobrecarregado. Cresci azul-marinho. Eu não usava cor-de-rosa porque me sentiria uma impostora. Quando alguém me magoava, eu não chorava. Não me esforçava muito nem almejava muito, a não ser as estruturas de segurança e solidez que encontrasse. Não tinha nenhum talento especial além de cuidar de outras pessoas, mais especialmente de minha mãe. Não dormia na casa de outras crianças, e meu único contato realmente íntimo era com minha mãe. Ela era a magia da minha vida. Ela era a beleza, a verdade e a razão, meu único amor.

Então, conforme eu disse antes, quando eu estava com 14 anos minha mãe se suicidou. Isso foi depois de um divórcio em que fiquei do lado dela, contra o meu pai. Fiquei sob a guarda do meu pai, que fora nos últimos anos o meu arquiinimigo.

Para sobreviver à perda, eu tinha de fugir. Ser responsável já não tinha tanto valor, porque o objeto da minha responsabilidade — minha mãe — se fora. Recolhi-me dentro de mim mesma e escrevia poemas, lia livros para ser transportada a outro lugar que me ajudasse a tolerar a dor da perda. Comecei a procurar minha mãe na imaginação. Procurava dentro de mim um estado em que o meu mundo e o mundo da minha mãe se encontrassem.

Já se passaram 33 anos da minha grande perda. Ainda sou responsável e capaz de cuidar de outras pessoas. Acrescentei a esses valores o tesouro da minha imaginação e a minha capacidade de transcender as fronteiras entre mundos, tais como o mundo das ciências e o mundo da intuição.

Foi uma crise que me obrigou a procurar novos recursos para sobreviver e prosperar. Embora muitas outras crises me tenham dado outras dádivas, a primeira dádiva da crise é o que me define profissionalmente até hoje.

Quem entra na minha casa e me vê trabalhando de pijama no meu quartinho azul cheio de aromas e cores, tomando café com leite, bichos ao meu redor e meu filho entrando e saindo, diz "Eu queria ter sua vida". Eu queria saber quantos teriam dito isso à menina de 14 anos recolhida, abandonada, que vestia roupas azul-marinho, sem um grama de charme em seu corpinho rígido.

Não sinto mais saudade da minha mãe porque tê-la seria abrir mão dos tesouros que a perda dela me trouxera. E metade das minhas roupas é cor-de-rosa.

A dádiva das limitações

A crise nos oferece a *dádiva* das limitações. Precisamos usar todos os nossos recursos com eficácia quando estamos em crise, e não podemos desperdiçar tempo, energia, dinheiro, raciocínio ou mesmo sentimento em algo que não seja essencial.

Precisamos nos despir para chegar ao que é, de fato, essencial para lidar com o momento em questão. Você vai perceber que a dádiva é criar, tornar-se e cercar-se com o que de fato ama e estima.

Creia, durante a crise quase sempre vivenciamos nossa parte mais difícil. Achamos que tudo o que é importante está se perdendo. A perda em si parece destruidora. Talvez você não esteja lendo este livro e pensando: "Que legal! Estou construindo uma vida verdadeiramente significativa e autêntica." O processo não precisa parecer bom para funcionar.

Nós escolhemos como vamos terminar na vida. Em décadas de trabalho com o público, descobri uma grande verdade: quando sabemos aquilo que valorizamos, nós o alcançamos. Se existe destino, é ele mesmo. Despir-se de tudo o que achávamos precisar não costuma ser um processo agradável. As recompensas, porém, são maravilhosas.

Toda crise dá espaço à verdadeira autenticidade. Na verdade, é comum não termos mais acesso a muitos dos nossos antigos recursos, e somos obrigados a voltar a um lugar de que tínhamos nos esquecido, um lugar de valores e verdades fundamentais. Carregamos conosco muitas necessidades e crenças falsificadas que recebemos dos nossos pais, da sociedade, dos amigos, dos amores.

Dentro de cada um de nós reside um ser singular, com dotes singulares. Na minha profissão, já vi milhares de pessoas pelo avesso, e todas me admiram em sua miraculosa originalidade. Quando vivemos segundo nossa autenticidade, a parte de nós que é exclusivamente nossa, criamos a vida que queremos.

Chegar a esse ponto, porém, costuma exigir a dolorosa amputação do falso ego. O simples fato de alguma coisa ser inautêntica ou insalubre não quer dizer que não estamos profundamente apegados a ela. Embora possamos alcançar uma vida autêntica, de maneira relativamente indolor, ao longo de décadas de evolução, a crise acelera o processo para um instante.

A revolução, contudo, tem suas próprias compensações. O poder milagroso da cura que geramos por meio da crise pode ser tão estonteante quanto olhar para o sol.

A dádiva da necessidade

Você receberá muitas dádivas do ego em conseqüência de ter que cavar fundo dentro de si mesmo para resolver uma crise ou mudança. Talvez a maior de todas as dádivas seja a da necessidade. Em crise, precisamos de um novo conjunto de dádivas do mundo e das pessoas próximas. A causa da crise costuma ser nossa necessidade subconsciente de receber coisas que não recebemos na infância, coisas que nem sabemos existir, para nos tornarmos seres humanos verdadeiramente realizados. A crise nos obriga a procurar o que não tivemos na infância porque precisamos desses recursos para sobreviver.

Por mais perfeita ou imperfeita que tenha sido nossa infância, sempre há necessidades essenciais, porém não atendidas; essa é a natureza da infância. Sua necessidade não atendida pode ser o amor incondicional. Ou estímulo intelectual, uma noção forte de si mesmo, autonomia, capacidade de confiar nas forças de outras pessoas, uma sensação de prazer e segurança no próprio corpo, ou mesmo o direito de existir. Depois de algum tempo aprendemos a cortar nossa fome dessas coisas.

Para resolver uma crise com êxito, quase sempre somos chamados a atender necessidades que não foram atendidas durante toda a vida. De repente, estamos em uma situação em que, pela primeira vez na vida, precisamos confiar no apoio dos outros e permitir que cuidem de nós. Talvez precisemos pedir e receber o que precisamos em dinheiro, ou exigir que um parceiro o alivie em áreas que nem sabíamos que estavam atribuladas.

Imaginemos uma pessoa que nunca conheceu o amor apaixonado de repente o sentindo. Imaginemos alguém que sempre viveu no limite do salário de repente exigir e receber abundância e generosidade. Isso não é só uma dádiva da crise, mas também a exigência de sua resolução.

Seja qual for sua necessidade agora, neste momento de crise, ela é o que você terá pelo resto da vida.

Procurar o lar que talvez você nunca tenha tido

Quando éramos crianças, lar era o lugar onde estavam os adultos da nossa família. Eles definiam nosso mundo. Não importava se era uma boa família ou uma família difícil — era o nosso lugar, onde nos conectávamos com a vida.

À medida que crescemos um pouco, as fronteiras do lar cresceram conosco. Lar passou a ser a casa em que morávamos, nossos amigos, nossa escola, nossa cidade, nosso país e, quando amadurecemos ainda mais, nossas convicções ou credos.

Na maturidade, constituímos nossos lares literais. Temos a capacidade de escolher, até certo ponto, onde morar, com quem nos relacionar e em que acreditar. O lar, porém, tem um sentido mais amplo: é nosso lugar e onde prosperamos — física, espiritual, mental, social e energeticamente. Lar é o local aonde vamos para recarregar as baterias da difícil tarefa de viver no corpo humano e lidar com as incoerências da vida. No mundo, na unidade energética do universo, e em nós mesmos, lar é nosso lugar. Sempre existe um canto seguro para nós no lar.

Muitos de nós não estão em um lar há muito tempo. Quando chegamos à maturidade, temos informações demais na forma de padrões internos e programação adquirida nas experiências e nas expectativas da nossa criação, dos nossos grupos de colegas, das nossas vivências no mundo e das expectativas sufocantes da nossa cultura popular. Temos a tarefa de crescer para além desses padrões, encontrar dentro de nós a pessoa que escolhemos ser e, então, criar uma vida que escolhemos viver; criar nosso verdadeiro lar.

A vida é cheia de distorções surpreendentes. O inesperado e o imprevisto são as coisas que devemos prever. É assim que o universo nos ajuda a crescer. A única certeza real da vida é a capacidade de reagir à mudança: um elixir nutritivo de recursos internos e apoio externo que recebemos em nossa educação na infância ou que adquirimos na idade adulta. As mudanças traumáticas podem destruir a capacidade de resistência até da criança dotada com esse elixir. A crise exige que ela vá além do que sabe curar.

A flexibilidade é uma dádiva essencial para se ter uma vida bem-sucedida. É a capacidade de achar o caminho de casa e recriar o lar para si mesmo, em qualquer lugar, dentro de qualquer vivência. Este livro trata da flexibilidade. Cada capítulo foi elaborado para levá-lo, um passo de cada vez, para mais perto de casa, para o lar no qual você quer e precisa estar. A fim de fazer isso para todos os meus leitores, presumi o pior estado: o estado de crise, quando todas as estruturas do seu lar foram atacadas pela vida. Aprender esses passos, mesmo quando não se está em crise, ajudará a criar sua vida de maneira consciente todos os dias.

Todos conhecemos pessoas que foram vítimas do destino e outras que, pelo contrário, se recriam à imagem de seus sonhos. Onde quer que esteja neste momento da sua vida, você pode escolher para onde ir em seguida. O lar é o local onde encontramos intuição, inspiração e recursos para que sejam os sonhos, não o destino.

Exercício: Procurar e seguir sua sabedoria interior

Neste ponto do livro, você já deve ter percebido que existe um você sensato, um você reativo e um você crítico. Naturalmente, o você reativo, instintivo, é aquele que costuma se levantar em qualquer situação. Para passar da crise à vida nova, você precisa conhecer e se comunicar com o você sensato. Só então vai confiar nele o suficiente para que oriente sua vida.

Repito: manter um caderno lhe dará prova positiva de que você é digno de confiança como fonte de inspiração, informação e ajuda. A mente é caótica; organizar as coisas o ajudará a usá-las de maneira mais eficiente.

Este é um exercício simples. Você vai precisar do seu diário ou de um caderno; pode usar um gravador, se preferir. Primeiro, pense na seguinte pergunta:

> Se alguém pudesse orientá-lo, responder às suas perguntas sobre o passado, o presente e o futuro, ajudá-lo a entender seus dons, o que você pediria a essa pessoa?

Registre suas respostas. Quando terminar, levante-se, caminhe um pouco e, depois, sente-se num lugar onde haja espaço à sua frente para essa pessoa especial.

Agora imagine seu ego sábio nesse espaço à sua frente. Você sabe tudo o que precisa, e sabe como mudar o que precisa no seu presente e na sua circunstância. Faça a si mesmo as perguntas que gravou ou anotou, uma por uma.

Não tenha pressa de responder conforme ouvir ou souber. Você vai saber quando a resposta provier do seu saber e quando não provier. A resposta não lhe parecerá certa, ou o deixará ansioso, com raiva, deprimido ou esquivo — dependendo do seu tipo.

Permita-se prosseguir. Normalmente, você vai partir do que o seu ego "diário" pensa, deseja ou teme, e, enquanto fala, você chegará à verdade. Não se esqueça de que o seu ego sensato pode ajudá-lo a mudar coisas na sua vida, portanto, se ouvir algo difícil, pergunte ao seu ego sensato como pode modificá-lo ou se preparar de um modo que consiga tornar até os momentos difíceis em bem-sucedidos e significativos.

Volte a este exercício de vez em quando. Você aproveitará mais este exercício quanto mais vezes o praticar.

11

Compartilhar as bênçãos

O poder da utilidade

Vinte anos atrás trabalhei com um homem, o Sr. B, que estava na fase terminal de um câncer de fígado em um hospital público. Ele era inculto, pobre e estava claramente moribundo. O Sr. B fora criado por parentes no sul do país.

Eu o visitava diariamente para fazer imposição de mãos a fim de minimizar a dor. Todas as manhãs, quando eu chegava ao leito dele, havia uma verdadeira reunião de outros pacientes batendo papo com ele. Ele ouvia, dava conselhos, um tapinha na mão, devolvia todo o carinho com que fora criado àqueles pacientes, alguns dos quais não tinham ninguém mais com quem conversar.

Ele morreu dando de si. Nem tenho certeza se ele viveu assim. Era alcoólatra e passara a vida lutando contra a pobreza. No fim, deixou muita gente se sentindo em paz num ambiente traumático.

Sempre temos algo de grande valor para dar. O que tem a dar pode mudar quando você muda. Algumas pessoas se sentem pouco à vontade com a mudança. Outras se sentem abençoadas. Com seus novos dotes, você atrairá pessoas novas. Talvez você nem saiba o que dá.

O ato de ser útil é uma dica poderosa de sobrevivência para o subconsciente. Vemos que os idosos que continuam úteis permanecem viáveis — física, emocional e economicamente. Quando estamos ajudando outras pessoas a superar uma crise — principalmente crianças —, é importante reconhecer de que maneiras ainda são úteis e valiosas na nossa vida e no mundo.

Embora as crianças tenham o direito de ser amadas e sustentadas em razão de sua infância, a coisa mais poderosa que podemos fazer para ajudar nossos filhos — ou qualquer pessoa — a lidar bem com as crises é afirmar para elas as tantas maneiras em que são úteis para o próximo. Esse passo pode ser tão simples quanto reconhecer a cidadania delas quando catam lixo na rua, incentivá-las a usar o entendimento para incluir uma criança que não seja querida. Embora a maioria das crianças tenha afazeres, muitas nem imaginam o quanto nos ajudam ao realizar essas tarefas. Um simples "Obrigada por guardar a louça. Deu-me tempo para jogar este jogo com você e me divertir" é um bom treinamento de flexibilidade. Quando a generosidade é a lei, o isolamento — perigo número I da crise — é raro.

Quando outros estão em crise: o que fazer quando nossos entes queridos estão sofrendo

Quando alguém que amamos está em crise, somos atingidos de diversas maneiras. Muitos casamentos terminam porque um dos cônjuges está em crise e o outro também entra em crise. Famílias podem se desfazer quando um filho está em crise. Amizades terminam justamente quando são mais necessárias, quando a crise é mal administrada pela comunidade pessoal da amizade. Há mais opções de cura quando alguém que amamos está passando por mudanças. É importante conhecer seu tipo e o da outra pessoa também, para evitar as ciladas de compartilhar a crise e se concentrar em manter-se com os pés no chão.

Quando um ente querido entra em crise, há duas perspectivas a administrar. É preciso tratar da crise da pessoa, bem como da sua reação a ela. Essa perspectiva é ainda mais difícil de manter quando parece que você está fora do foco da crise da outra pessoa, como num casamento, quando o marido resolve que não a ama mais, ou quando o filho adolescente acha que você está arruinando a vida dele.

Sentimo-nos mais impotentes quando aqueles a quem amamos estão sofrendo ou se prejudicando. Fazemos parte do mundo deles, algo que, pela natureza da crise, está passando por mudança. Cada pessoa, porém, consiste em si mesma e em seu próprio mundo. Você pode fazer parte da cura de outra pessoa e, ao mesmo tempo, proteger-se contra os efeitos arrasadores de compartilhar a crise de um modo que prejudique você. Cuide primeiro de si mesmo. Não se esqueça de levar o tipo em conta.

Ponha sua própria máscara de oxigênio antes de ajudar os outros.

Sempre que entramos em um avião, meu filho e eu temos uma piada constante. Quando a comissária diz "Em caso de emergência, as máscaras de oxigênio cairão do compartimento acima. Ponha sua máscara antes de ajudar os outros", pensamos conosco mesmos: "É, né?" Ambos sabemos que eu sempre poria a máscara dele primeiro. Eu enganaria a mim mesma se pensasse de outro modo.

Muitos anos atrás eu tive uma aluna que era enfermeira de pronto-socorro. A epidemia de Aids mal tinha começado. Ela estava em crise, porque não usara as luvas durante um momento especialmente movimentado no trabalho e o sangue de um paciente pingara em um corte na mão dela. Estava preocupada com a possibilidade de estar infectada.

Em grupo, examinamos a vida dela, que se esquecera de usar as "luvas" metafóricas muitas vezes, deixando-se prejudicar para atender a necessidades mais urgentes de outras pessoas. Ao mesmo tempo, estava em tratamento com pelo menos quatro médicos em conseqüência de não cuidar da saúde, tanto emocional quanto física. Ela "sabia" que não se protegia, portanto isso não era novidade para ela.

Ficou constrangida com nossos comentários. "E se um dos pacientes tivesse morrido por causa da demora?", argumentava. "Pacientes morrem toda hora. Como sabe que não tirar dez segundos para se proteger salvou o paciente?" "E se você estivesse infectada e contaminasse o paciente?", disse outra pessoa.

No fim das contas, para sua segurança e para a segurança de todos ao seu redor, você deve "pôr sua máscara primeiro, antes de ajudar os outros". Você tem responsabilidade por si mesmo. Se não cuidar de si mesmo, não pode cuidar dos outros. De fato, se não cuidar de si mesmo, pode ser um peso para os outros e até representar risco.

Meu filho está com 13 anos. Para grande alívio meu, acho que agora ele já sabe pôr a própria máscara.

Durante a crise, precisamos estar vigilantes com relação a danos. Para ajudar outras pessoas em crise, precisamos ter certeza de que há apoio suficiente para permitir que elas se reorganizem de um modo que compense a perda que sofreram. Quase sempre, a única coisa que podemos fazer é oferecer apoio, e se estiverem abertas para isso, ajudá-las a estruturar as atividades recomendadas para o tipo delas. Quando oferece a estrutura adequada ao tipo de alguém em crise, você dá à pessoa um "mundo" para preencher a lacuna entre a vida antiga e a nova.

Quem está em crise quase sempre se torna vítima de outrem. Defendendo-se da crise, mal conseguem defender-se de mais um ataque. Ironicamente, as pessoas próximas "à vítima" costumam usar a crise da pessoa como oportunidade de dar vazão a ressentimentos ou rixas antigas. Somos mamíferos e, portanto, programados para atacar os mais fracos, senão não teríamos sobrevivido até aqui. Existe uma opção mais inteligente. É possível perceber quando outros à nossa volta estão em crise e nos incumbir de oferecer proteção de diversas maneiras que confiram poder.

- Relacionar-se com a pessoa, não com a crise. Isso pode significar a criação de regras como pôr a pessoa em uma "dieta de conversa" da crise (por exemplo, limitar qualquer conversa sobre a crise a não mais que três minutos).

- Reafirmar as qualidades positivas e funcionais da pessoa.
- Afirmar que a verdade da pessoa está dentro dela.
- Oferecer lealdade e proteção no ambiente dela.
- Optar por agir com cortesia, mesmo quando a pessoa estiver irritante (como é comum nas pessoas em crise).
- Indicar comportamentos alternativos e modos de expressão que ajudariam essa pessoa a ser menos irritante.
- Manter a convicção de que a pessoa é potente e íntegra, apesar das atuais circunstâncias.
- Ser agregador. Convide e incentive a pessoa a participar da sua comunidade.
- Exigir comportamentos que obriguem a pessoa a funcionar com eficiência, tais como entrar num grupo de amigos para jantar ou malhar na academia.
- Reconhecer quando estiver perto do seu limite de tolerância e fazer um intervalo. Definir limites. Não se deixar exaurir.

Quando alguém cai no fundo da cadeia alimentar, você desperta seu terapeuta interior oferecendo amparo. Fazendo assim, você se transforma de maneiras que lhe darão uma incrível alegria na vida.

Os tipos de reação são contagiosos

Viver com alguém que é ansioso pode deixá-lo num estado de agitação constante. Tome cuidado para não absorver a ansiedade, tornar-se hostil ou afastar-se inadequadamente da pessoa ou situação.

Viver com uma pessoa irascível pode corroer sua noção de ego. Não tente apaziguar de um modo que você se perca e eroda seu autocontrole e sua autodeterminação.

Viver com alguém em denegação pode ser cansativo. Cuidado para não ficar com a parte do fardo do leão, como se fosse seu, ao achar que tem de estar em contato contínuo com os aspectos difíceis das realidades da vida para os dois.

Viver com alguém que está deprimido é deprimente. Cuidado para não se sentir totalmente responsável, impotente para gerar mudança e, no fim das contas, estar furioso.

Quanto tentar ajudar um tipo ansioso, você precisa saber que não é possível tranqüilizar a pessoa com suas palavras. Ela não consegue sentir segurança. O modo de ajudar o ansioso é trazer para o chão a confusão dessa pessoa com tarefas atraentes e úteis, que transmitam alguma noção de completude. Ele tem de fazer coisas que transmitam a sensação de poder e gerem bons resultados. Precisa ser encaminhado a atividades que concentrem a energia dele. Precisa ocupar-se de um modo que lhe permita afastar as ruminações improdutivas que ameaçam consumi-lo. Não entre no jogo da ruminação dele, no diálogo interno de "e se, o que você acha, o que devo fazer?". Os tipos ansiosos precisam da consciência de que, se pararem de se irritar, o que há ao redor não vai se desintegrar.

Quando tentar ajudar um tipo colérico, precisa dar-lhe algum espaço inicial para descarregar a raiva. Esse tipo é incapaz de deixá-lo entrar sem prejudicá-lo quando está no auge da explosão. Quando causam danos, ficam envergonhados, o que aumenta a raiva.

Em um momento apropriado, de baixa intensidade, você precisa orientar os tipos irascíveis para meios de descarga mais apropriados (enumerados nos conselhos para a raiva). Quando essa pessoa dominar os sentimentos do momento, seu próximo passo é incentivá-la a empregar a denegação e fazer com que se concentre no que quer criar. Ajude-a a se afastar da paixão e a avaliar a situação quando estiver de cabeça fria.

Não entre em batalha com o tipo raivoso, dê apoio ao ponto de vista irado, ou seja, faça o papel de advogado do diabo. O tipo colérico precisa conscientizar-se de que o sofrimento de outra pessoa não servirá de compensação.

Quando tentar ajudar um tipo que reaja com denegação, leve-o ao cinema para assistir a um filme que desperte emoção. Mostre-lhe um álbum de fotos que desperte o sentimento. Dê-lhe um livro favorito da infância e leia para ele. Escolha atividades que lhe permitam sentir sem ser constrangido pelo sentimento. Raramente será útil jogar a realidade na cara dessa pessoa. Você pode, porém, estruturar situações em que é seguro para ela sentir e reconhecer a própria percepção, em geral por meio de atividades compartilhadas. Tenho certeza de que o conceito do jogo paralelo foi inventado pelo tipo denegador. Duas pessoas jogando lado a lado, mas não juntas. Esteja disponível, mas não seja intrometido. Contudo, não se deixe manipular para participar nas histórias de denegação. Com os tipos denegadores que fazem questão de compartilhar a fantasia, o silêncio é uma virtude. Os tipos denegadores precisam saber que conseguem ver e sentir sem serem esmagados.

Quando tentar ajudar um tipo depressivo, dê apoio às atividades normais cotidianas. Ligue o chuveiro, sirva o café-da-manhã, leve-lhe o telefone, ajude a pessoa a combater o surto de inação apoiando a ação, facilitando-a. Os tipos deprimidos precisam sentir que têm força para entrar no ritmo da vida.

Quando estiver ajudando alguém em crise, você precisa reconhecer quando a crise dessa pessoa, ou o estresse de desviar o foco das suas próprias necessidades, o leva à sua zona de risco: você se surpreende recaindo em antigos pensamentos, sentimentos ou comportamentos, ou começa a se tornar negligente no tocante à "realidade terrestre", as necessárias, porém mundanas, tarefas cotidianas que mantêm sua vida nos trilhos? Não se esqueça de que a crise é doença contagiosa. Se não estiver cuidando de si enquanto dá apoio a outra pessoa, você vai se desintegrar na patologia do seu tipo. Quando começar a sentir quaisquer sintomas típicos do seu tipo, siga os conselhos que oferecemos anteriormente. Roube momentos de transcendência; faça um depósito na sua conta corrente emocional.

Se perceber outras pessoas do seu grupo caindo nessas zonas de risco, incentive-as a fazer o mesmo. A unidade engendrada por meio da passagem pela crise juntos, de maneira curativa e produtiva, está entre os vínculos mais fortes que se pode criar em uma família ou grupo. A garantia de que cada pessoa em seus piores momentos ainda pode funcionar em razão do amor e da integridade os liga uns aos outros em uma relação de profundidade infinita, intrínseca. Você afirma que, mesmo quando magoado, não fará mal a ninguém, e quando outra pessoa está sofrendo, você reagirá sem julgar.

Algumas das amizades, famílias e empresas mais fortes são criadas e fortalecidas em tempos de crise. Para permanecer fiel a essa responsabilidade, conscientize-se da sua zona de risco e da zona de risco daqueles que o cercam.

Se for do tipo que reage com ansiedade, você sabe que está na zona de risco quando não consegue superar as preocupações e fazer algo construtivo para si mesmo. Fica imerso em minúcias e medos que não têm relação com o momento presente. Evite preocupações antigas e seguras que se autoperpetuam. Sua imaginação pode levá-lo a resultados desastrosos, de proporções supremas.

Se for do tipo que reage com denegação, você sabe que está na zona de risco quando, por dentro, sente que está fazendo o certo, mas, por fora, está no meio de um terremoto: quando as pessoas de quem você gosta não vão bem ou quando os que o cercam se preocupam com você, e você não entende o por quê ou reage. Você perceberá que está sendo hipercrítico com pessoas importantes para você, em vez de agüentar a crise em questão. Sua imaginação o abandonou totalmente.

Se for depressivo, sabe que está na zona de risco quando não consegue nem imaginar que terá energia para terminar este livro. Parece que nada vale a pena: cuidados com o corpo, ginástica, até um banho de chuveiro se torna cansativo. Você não vê a luz no fim do túnel e acha que esse estado é permanente. Não prevê mudança em nada. A imaginação o transporta para a felicidade de todas as outras pessoas e para a sua eterna infelicidade.

Se for do tipo que reage com raiva, você sabe que está na zona de risco quando começa a se ressentir. Começa a comparar o que faz com o que fazem por você, e se sente em desvantagem. Você desvalorizou suas necessidades, e agora as sente querendo voltar. Os acontecimentos cotidianos começam a enfurecê-lo e você sente vontade de atacar com violência. Acha que nada do que faz é suficiente, e isso o deixa furioso.

Algumas palavras finais para os diversos tipos

Vou falar primeiro com os tipos que reagem com denegação, antes que vocês percam ou "esqueçam" onde deixaram este livro. A denegação tem uma finalidade e você se agarra firme a ela. Se ela funciona para você, então você não está lendo este livro. Sua vida está dando certo, não está? Se estiver lendo este livro, a denegação não está cumprindo sua obrigação. Ver ansiedade. Tipos denegadores, se estiverem ansiosos, estão, na verdade, agindo com valentia em algo bem certo. Você é a única pessoa que pode administrar sua vida. Ver o que está errado só vai ajudá-lo a usar suas habilidades formidáveis para melhorar a vida.

Tipos ansiosos, eu sei que estavam frustrados enquanto esperavam que eu falasse com os tipos da denegação. A única coisa positiva que sua ansiedade desorganizadora faz deve ser ajudá-lo a queimar mais calorias. Talvez você esteja piorando a situação com atos compulsivos, mas fica paralisado quando precisa demonstrar força e recursos verdadeiros. Sua meta é a denegação despreocupada. Quando alguma atividade o faz "esquecer" por um minuto, continue fazendo. Finja que tudo vai dar certo. Se desviar o olhar do problema por um instante, talvez enxergue a solução e, nesse ponto, você consegue arranjar uma energia fabulosa para erguer o mundo.

Tipos depressivos, sei que não querem ouvir nada que os faça despender a energia de levantar-se de onde estão agora. Contudo, nada pode piorar ainda mais. É bom fazer o que tinham medo de fazer — exigir apoio, procurar pessoas, mesmo que receiem rejeição. Se o rejeitarem, é provável que você fique aborrecido; na verdade, o próprio esforço para entrar em ação já o irritará, e a raiva estimulará o movimento e a ação necessários. Você ficará maravilhado com a energia que a raiva proporciona. Quando combina a raiva com seu profundo e potente entendimento de si mesmo, você se torna capaz de ser tudo o que quiser e mudar-se para uma vida que dê apoio a quem você quer mesmo ser.

Tipo colérico, o único modo de assumir o poder é assumir a responsabilidade. A ira é prima-irmã do remorso. Você se arrepende de tudo o que perde e de tudo o que a ira arruinou em sua vida. Finja que a culpa de tudo é mesmo sua, que você realmente estragou tudo; você pensava que o sofrimento ou remorso de alguém o aliviaria, mas não foi isso que aconteceu. Se fizer isso bem, ficará deprimido. A depressão tornará sua paixão perspicaz, administrável e, por fim, construtiva. Talvez você não recupere o que perdeu, mas poderá então construir o que é importante e valioso para você. Quando combina a autopercepção da depressão com a paixão da raiva, você pode construir a vida que escolheu, rica em sentimentos, sentido e auto-realização.

12

Não existe vida à prova de crises — mas qualquer vida pode ser menos propensa a crises

Toda mudança é uma oportunidade de abrir as possibilidades da vida. Somos criaturas de hábitos. As crianças vítimas de abusos, quando postas em ambiente seguro, sempre querem voltar para os pais abusivos. Mesmo que a situação esteja longe de ser a ideal — e, às vezes, é horrível —, nós nos agarramos a ela com uma intensidade irracional nascida do hábito e do medo. Quando a mudança ou a crise nos concede a oportunidade de nos tornar totalmente cônscios das nossas mais profundas necessidades e percebê-las no mundo, tornamo-nos menos vulneráveis. A estrutura em camadas da nossa vida e das nossas convicções fica tão prejudicada que as necessidades essenciais, verdadeiras, do nosso ser ficam expostas, mesmo que não consigamos percebê-las.

A adaptabilidade pode ser uma habilidade adquirida, embora algumas pessoas tenham nascido mais adaptáveis que outras. Parece que elas sempre constroem algo melhor com as cinzas do passado. Mesmo assim, há momentos em que uma mudança ou série de mudanças pode sufocar temporariamente nossa capacidade de nos adaptar, mesmo os indivíduos mais flexíveis. Quando achar que está perdendo, está bem acompanhado.

Embora alguns de nós sejamos mais flexíveis que outros, cada tipo é adaptável em situações diversas. Alguém que consegue se reerguer quando atingido por uma crise financeira pode não ser tão adaptável se a situação envolver abandono emocional. Dependendo das vivências da infância, da sua personalidade, dos apoios externos, dos seus valores e até da sua genética, você achará certos tipos de crises mais fáceis de administrar do que outros. É possível, porém, tornar-se mais flexível de um modo geral integrando à sua vida certos padrões e comportamentos.

O indivíduo flexível:

- vive no presente
- dá valor às outras pessoas e as procura quando precisa
- vê a vida como autodeterminada e sempre desafiadora
- age como se tivesse as ferramentas para sobreviver, mesmo quando tem suas dúvidas
- age como se tivesse muito a dar ao próximo, e dá generosamente
- age como se o mundo tivesse o bastante para todos e, em conseqüência disso, exige dele
- tem a coragem de sentir e amar
- pratica a gratidão a si mesmo, aos outros e à vida
- tem uma boa noção de necessidades e limites

Você pode tornar-se mais flexível praticando esses atributos, mesmo antes de acreditar neles. Ao praticar a flexibilidade, você vai reprogramar suas disposições e atos para realizar mudanças positivas.

É possível ensinar essas disposições. Você pode servir como exemplo para os amigos, o cônjuge, seus pais e seus filhos. Seu modo de encarar as circunstâncias surte profundo efeito na sua capacidade de sobreviver a mudanças drásticas. Esteja vigilante para criar uma boa mitologia de vida, na qual você seja o herói da sua própria história. Se viver essa verdade, você cria essa verdade.

Algumas pessoas passam por transtornos inacreditáveis e usam esses problemas para se superar, ao passo que outras são derrotadas e se deixam abater pelas crises da vida. Por quê?

Um estudo de adultos vítimas de abusos na infância concluiu que nem o grau nem a duração do abuso previam a intensidade dos danos na vida adulta, mas, pelo contrário, quanto controle sobre a situação o indivíduo achava ter na infância. As crianças que achavam ter um controle maior sobre o que acontecia — mesmo que essa noção de controle não fosse real — estavam propensas a prosperar na vida adulta, apesar dos abusos sofridos. Este livro lhe deu muitas ferramentas para reagir de maneira dinâmica às crises e às mudanças. É preciso integrar essas ferramentas à sua vida e praticá-las para poder reagir a mudanças futuras de maneira positiva, alegre e potente.

A vida consciente pode ser uma alternativa a passar cegamente de uma crise a outra. Quando evoluímos, também evoluem as oportunidades — assim como a capacidade de felicidade e êxito. Trabalhar a crise também trabalhando o ego delega poderes porque você tem poderes diretos sobre o ego para mudar. É com a evolução do ego que mudamos nossas circunstâncias ou usamos o poder de locomoção para criar um novo ambiente.

Escolha seus mitos

Cuidado para não adotar mitos como aquele em que você só tem um caminho na vida, ou só uma alma gêmea, ou uma só chance de ser feliz ou ter êxito, que você, naturalmente, perdeu e jamais voltará a ter. Esses mitos são perigosos. A simples observação da vida demonstra conclusivamente que são inverídicos. As segundas, terceiras, quartas e quintas chances são abundantes — para todos os seres humanos, até para você! Você pode transitar pela sua crise de um modo que gere vida para si mesmo com tanta intensidade autêntica e alegre que nem poderia, na sua velha perspectiva, ter sonhado!

Na minha casa temos uma regra: *tudo* é sorte. Espelho quebrado? Sorte. Pisou numa fenda? Sorte. Perdeu o colar predileto? Abriu espaço para algo melhor. É você que insere a magia nos seus próprios mitos. Esteja vigilante na criação de boas histórias para si e para seus entes queridos.

Você está criando sua vida agora, neste exato momento. Não há lugar para o medo numa vida conscientemente criada por você. Agora você tem as ferramentas para lidar com os sentimentos de perda criados pela mudança em sua vida. A vida de ninguém é imune à mudança. Mas cada mudança, quando orientada pela percepção, é uma oportunidade para o surgimento de uma vida melhor e de um você melhor.

Sobre a autora

Laura Day ensina indivíduos e empresas a criar e aplicar soluções intuitivas a seus problemas há mais de trinta anos. É autora dos best-sellers *Manual de intuição prática* e *O círculo*, e já se apresentou nos programas *Oprah* e *The View*, bem como em muitos outros programas de televisão em cadeia nacional e outros tipos de meios de comunicação. A clientela global de Laura conta com celebridades, cientistas, executivos e profissionais de muitas áreas. Laura educa facilitadores em todo o país, e oferece cursos gratuitos na cidade de Nova York. Também pode ser encontrada em www.practicalintuition.com.

Este livro foi composto na tipologia CentaurMT, em
corpo 12/15, impresso em papel off-white 80g/m²,
no Sistema Cameron da Divisão Gráfica
da Distribuidora Record.